中学受験・中学入学準備編

学習の作法

天流仁志　受験戦略研究家

Discover
ディスカヴァー

はじめに

コロナ禍が「学力格差」を広げた？

2020年、新型コロナウイルスが世界中で猛威をふるい、日本でも4月から5月にかけて広い範囲で緊急事態宣言が出されました。

この間、学校は一斉休校、塾・予備校も同様に教室での授業が中止になったところが多数派でした。大手だとたいていの塾・予備校は映像授業で対応したようですが、業者によってその質・量には違いも大きかったようです。

また、教室でのように集中して学習できない、公開テストを受験できず学力状況を把握できない、などといった映像授業の弊害も顕在化しました。宣言解除後は遅れを取り戻すため、授業が詰め込まれすぎてついていけないといった状況も発生しているようです。

一方で、自力でどんどん学習を進められる優秀な生徒、もう少し突っ込んだ言い方をするとその環境が用意できる恵まれた家庭では、通学・通塾の負担がなくなったことで思う存分に学力が伸ばせたことでしょう。


中学受験、特に難関校受験となると学習すべき内容が非常に多いので、進学塾のしっかり計算されたカリキュラムに沿って勉強する、難しくてもなんとかついていく、というのが一般的です。

そして、ただ塾に通って授業を受けているだけで十分に身につくということはほとんどなく、**家庭での学習が前提とされます。**塾によって予習中心か復習中心かといった違いはありますが、**「授業・家庭学習・テスト」のサイクルで学力を伸ばす**やり方はほとんどのところで共通しています。

授業やテストが少なくなればその分、家庭学習の比重が高まる。一方、通常時のカリキュラムは学校に通いながらが前提なので、一斉休校期間はむしろ余裕を持ってスケジュールを組めた家庭が多かったと思います。

しかし、この余裕にはいくつもの罠がひそんでいました。

「一斉休校」にひそんでいた罠

まず、時間があるからといって、ダラダラ勉強してしまうという罠。学習の時間効率が落ちると、学校が開始されたらペースを一気に上げなければならない。さらに、通常なら長期休業中が前提の夏期講習と学校を両立するのは至難のワザです。

逆に、ここで差をつけられまいとの焦りから、無理な先取りや難しい問題に手を出し、学習の精度が落ちてしまうという罠もありました。まずは、学習予定だった範囲を確実に、前学年までの学習内容に抜けがあればそれも含めてマスターしたうえでプラスアルファを狙うのならよかったのですが、そうでなければ進度が速くなる休校明けの授業から精度を取り戻すのは非常に難しかったはずです。

さて、前段はあくまで進学塾に通っている、主に小学4～6年生の状況を意識した分析です。さらに、**まだ進学塾には通っていない子や、そもそも進学塾が存在しないような地**

域では、さらに激しい差がついた可能性があります。

一斉休校中はドリルが異例の売上を記録したそうですが、あっという間に1年分が終わってしまったような子も少なくないと思います。あるいは、進学塾が無料公開した教材で初めてハイレベルな学習に触れた子もいるでしょう。

一方で、ゲームばかりでまったくといっていいほど勉強をしなかった子も相当数います。各地の教育委員会は課題の指示やプリント、映像授業の公開などで対応しました。

これだけはこなしたという子も多いと思いますが、その課題内容は地域によって大きな差が見られました。質・量ともに充実した教材を公開したところもあれば、「教科書のこの部分を読んでみましょう」というような指示だけでほとんど済ませてしまったようなところもあったのです。

短くなった夏休みに宿題を課すかどうかは、学校ごとに違う対応になりました。このところ毎年のように問題になる「宿題代行業」が成立するのは、それだけ宿題の負担が大きいということでしょう。

「ただでさえ心身の負担が大きい小学生に、これ以上の負担はかけられない」と、ドリルや自由研究、読書感想文などの宿題がなくなった学校が多いようです。

これは負担軽減にもなりますが、そのために復習の機会がなくなってしまうという子もいるでしょう。一方、すべての学校が宿題を出さなかったわけではなく、短い夏休みでのハードな宿題に追われる子たちも出てしまいました。

これらの格差は、**コロナ禍によって見えやすくなったというだけで、実はもとより広く存在していた**ものです。

同じ進学塾に通って同じように授業を受けていても、しっかり復習して一つひとつ確実に習得していく子と、次々と始まる新しい学習事項に追われて定着が不十分なまま進んでしまう子とではどんどん成績に差が出てくるので、いずれ上位クラスと中・下位のクラスに分かれることになります。

親の学歴や収入による格差は最近よく論じられるようになりましたが、ほかにも大きな格差は存在します。都市部と地方というよりも、**難関中学や高校とそれに対応する進学塾が存在する地域と、そうでない地域の格差**です。

地方でよく目につくのが、小学4年生や5年生の時点で進学塾に通うことができれば難関中学にも手が届きそうな子が、地域では有名な「進学塾」（実態は補習塾）に通ったために、間違った学習法を身につけたり、天狗になってしまったりして伸び悩むという現象です。

さらに同じ地方でも、教育熱心な家庭が集まる地域の小中学校と、そうでない地域の小中学校では、平均的な学力、ひいては進学先の高校・大学に大きな違いが生じているというのは周知の事実でしょう。

同じ小学生なのに、なぜこんなにも大きな差がついてしまうのか

こうした差がついてしまう直接の原因となるのは、**効果的に学力を伸ばすための「頭の使い方」が身についているかどうか**であると考えています。私は、そうした頭の使い方を**「学習の作法」**と呼んでいます。

進学塾の上位クラスでは、難しい応用問題を解くための「学習の作法」を当然のように教えていますし、塾に通っていなくても、ある程度の応用問題に触れていれば自然に身につく可能性が高くなります。

さらに、最近は学校の教科書にも「学習の作法」を身につける工夫が多くなっているので、うまく指導してくれる先生に当たれば、もしくは親が少し気をつけてあげれば、それだけである程度身につくこともありそうです。

本書は、中学受験を考えている方だけでなく、将来的に大学進学が目標となる**すべての小学生を対象に、「何ができるようになればいいのか」「どういう勉強をすればそれが身につくのか」**を具体的に示す教材です。

その学習を通して、子どもたちが少しでも無駄な勉強や、かえって頭を悪くしてしまうような勉強から解放されることを願ってやみません。

大学受験の研究者が「小学生の勉強法」の本を書いた理由

もともと大学受験でも、高校受験でも中学受験でも、最難関レベルでは思考力や表現力が重視されるのは当然の傾向でした。これを最難関以外にも広げようというのが、今回の大学入試改革の主眼と言えるでしょう。

しかし、今の大学受験業界では、思考力や表現力を伸ばすことは東大をはじめ最難関の対策とほぼ同じことであり、東大対策レベルの勉強以外には手段がないといってもいいような状況でした。

一方、中学入試では早くから公立中高一貫校が「適性検査」という思考力や表現力を直接測るような試験を導入してきました。そして、東京には最難関レベルの公立一貫校も登場していますが、それ以外の多くの公立一貫校はそうではありません。

これが何を表すのかというと、中学入試の世界では、**最難関レベルではない思考力・表現力重視の試験、そしてそれに向けた勉強がすでに広まっている**ということです。

これが、私が中学入試に強い関心を持つようになり、研究してきた大きな理由です。

そして、もう一つ大きな理由があります。それは娘の中学受験という非常に個人的な事情です。

中学受験が一般的な地域とは違って、私が住んでいる札幌では中学受験の専門家にまかせるということはかなり困難です。ＳＡＰＩＸや四谷大塚の名前を冠した塾のコースは存在するものの、その実態が本家に遠く及ばないというのは公然の秘密。日能研札幌校が、知る人ぞ知る隠れ家的な名門塾といった位置づけであるというのが実情です。そもそも、合格のために徹底した対策が必要な難関中学は存在しません。

にもかかわらず、なぜ娘に中学受験をさせようと考えたのか。

それは、少しよい結果が出るとすぐに調子に乗ってサボり、成績を落としてしまうお調子者タイプという娘の性格上、少しでも学力レベルが高い子の多い学校に行かせたかったからです。

また、第一志望の国立附属中学は地元の公立中学と比べても通学の負担が軽く、入試の難易度もさほど高くないことが決め手になっています。

娘が周囲にあまり影響されず、マイペースを貫くようなタイプであれば、あるいは目標になるのが通学時間のかかる難関私立中学であったとしたら、もしかしたら、中学受験はさせないで高校受験を目標とした勉強に集中させていたかもしれません。

この本で紹介している勉強法や教材は、地方在住の大学受験技術研究家が小学生の娘のために作りこんだ勉強法をベースにしたものです。

実際の受験校だけでなく、最難関まで含めたあらゆる受験パターンを想定して考えてきたので、有名塾のやり方を参考にしている部分もあります。

ただ、**最初から大学受験を目標にしている点や、特に学力やモチベーションが高いわけではない子を念頭に置いている**という点では、有名塾のそれとは明確に異なります。

そういった意味で、本書では東京の中学受験のプロとは違う視点での見方を提供できるものと考えています。

もくじ

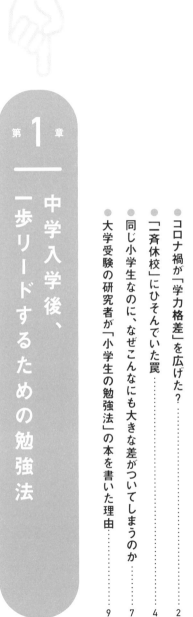

第2章 「文系科目」の作法（国語、社会、一部の理科）

第3章 「理系科目」の作法（算数、理科、一部の社会）

（巻末より）

第4章

【中学入学準備編】中学入学までにマスターしておきたい作法

第1章

中学入学後、一歩リードするための勉強法

1

コロナに負けない「非常時の自宅学習法」

２０２０年3月、新型コロナウイルスのまん延にともなう緊急事態宣言により、全国の小学校がしばらくの間、一斉休校となりました。

子どもたちにとっては、突然、自宅で自学自習をすることになったわけですから、当然のようにうまく勉強ができない、集中できないといったケースが多く見られました。

このような学校や塾に頼れない「非常時」の場合、どのような勉強をするのが効果的だったのでしょうか。今後また、非常時に戻らないとも限りませんから、主に中学受験を目標に塾に通っている層を想定して、「非常時に自宅で勉強するにはどのようにすればいいのか」についてお話ししていきましょう。

「何をどうやったらいいかわからない」では学習が進まない

コロナ禍の一斉休校の期間のように、時間が自由に使えるようになっても効果的に学習が進められるのは、ほんの一握りの子どもたちだけです。

いくらやる気があっても、適切な学習内容と学習方法、つまり**「何を」「どのように」学習すればよいのかがわかっていなければ、進めようがない**からです。学習内容が難しすぎたり多すぎたりすると、たちまちやる気がなくなってしまうでしょう。

逆に、簡単すぎたり少なすぎたりしても学習は続きませんし、たとえこなしてもそもそも学力が伸びません。簡単にできることばかり好んで学習するため、よく理解できていない分野、苦手な分野はそのままになってしまうので、「勉強しているらしいのに成績はまったく上がらない」というパターンはよく見かけます。

だからといって、理解が不十分な分野、現時点では解けていない問題だけを拾って学習していくというのは、学習経験が浅い小学生にとっては簡単なことではありません。塾に通ってある程度、学習習慣がついている子でも難しいと思います。

ましてや、「まだ習っていない漢字を書いたら×」方式の時代錯誤な風潮がいまだに根強い地域もあるくらいです。

「まだ習ってないもん」という、勉強したくない子どもの言い分に学校の先生からお墨つきを与えられているのですから、はじめて見る分野を自力で学習するハードルは大人が思っている以上に高いというのが現状でしょう。

一斉休校になって、**突然「この範囲は教科書を読んで自分で勉強してください」と言われても、できない子のほうが多いのは当然**のことだと思います。

最初は、シンプルな学習法。薄くて目標設定がしやすい本で

では、どうすればよいか。はじめて学習するような分野、あるいは苦手意識が強いタイプの問題を学習するときに有効なのが、**できるだけシンプルなやり方で学習を進めていくこと**です。

ひたすら音読するだけ、あるいはひたすら書き込んでいくだけ、というようなシンプルなやり方であれば、はじめて見る内容だからといってできないことはありません。

もちろん、それだけで十分な学力が身につくわけではありませんし、ある程度理解できている分野までそういったやり方をするのでは非常に効率が悪くなってしまいますが、学習経験の乏しい小学生の取っかかりとしてであれば、否定してはいけない学習法です。

その分野の学力はゼロに近いのに、この段階を省いていきなり「できる子」のように問題を解きはじめようとするのもまた、非常に効率の悪いやり方なのです。

むろん、読んだり書いたりできれば何でもいいというわけではありません。本文が読みやすく、適切な量で区切られているなど、音読に適した文章で構成された問題集もあればそうではないものもあるからです。

書き込むタイプも同様で、分量や難易度といった構成が初学者向きのものを選ばないと、シンプルなやり方だけど定着はしないということになりかねません。幸い、小学生向けならシンプルな学習法で学力をつけるのに適したテキストが多数出版されています。

たとえば、未習分野を学習する際に、音読のしやすさで選ぶなら、**『陰山メソッド』シリーズ**（小学館）が最適でしょう。短期間で教科書レベルの知識にひととおり触れることができます。

書き込み型でも、**『分野別学習ノート』シリーズ**（清風堂書店）なら、順に書いていくだけで自然に覚えられるような構成になっています。教科書レベルから受験勉強につなぐ、中学受験入門のレベルでも**『中学入試基礎ドリ』**（文英堂）という非常に使いやすいシリーズがあります。

誰かに教えるように、講義本を読む

シンプルな学習法だけでも、ある程度の学力はつきます。小学校のカラーテスト程度で困ることはないだろう、という程度ですが。

それすらも分野によってはあやしいかもしれませんが、非常時では学校のテストもないので判断がつきません。ましてや、それ以上の学力、つまり教科書内容がほんとうに理解できているのか、中学受験もしくは将来の高校受験につながる力がついているのかどうかはわかりません。

平常どおりに塾でテストが受けられるのであれば、その結果で定着度を測ることが可能なのですが、一斉休校期間にはそれもほぼ中止されてしまっていました。やはり、自宅でもある程度はテスト型の教材を使う必要が出てきていたわけです。

進学塾の「週テスト」や「確認テスト」には、それに向けて勉強するというペースメーカーとしての役割もさることながら、授業やテキストで学習したはずのことがらが身についているかどうかをチェックするというはたらきが大きいものです。それを自習でカバーするのはかなり大変だったと思います。

学習内容が身についているかどうか確かめる方法としてわかりやすいのは、平常時の学校や塾と同じように**テストを使う方法**です。

教科書レベルなら**『全科の復習テスト』**（受験研究社）、中学受験向けなら**『統一合判過去問題集』**（首都圏模試センター）を購入して家でやってみることは可能ですし、業者が無料公開していたり自宅受験を認めていたりした模試を受けるという手もありました。しかし、その効果は塾で受けるテストには及ばないでしょう。

平常時と同様の定着度を保つには、根本的に普段の勉強の中に「テストのような要素」を取り入れる必要があったと思います。

そのやり方は、一言で言えば**「教える」**。ただ読んだり書いたりするだけでなく、**その内容を何も見ずに、誰かに教えるように説明してみる**ことです。

理想は、わかりやすい映像授業や講義本のポイントを、その先生になりきって再現してみること。**『合格する○○の授業』シリーズ**（実務教育出版）のようなハイレベルの参考書でそれができれば、効果は非常に大きいでしょう。ただ、それを実際にできる小学生は非常に少ないのではないかとも思います。

現実的なのは、**国語や算数であれば、言語化された解法の手順を順に言ってみること。****『受験国語の読解テクニック』**（文英堂）や**『?に答える！小学算数』**（学研プラス）といった参考書はそれがかなりやりやすい作りになっています。

理科・社会では、論述問題の答えを何も見ずに言う練習。これも記述答案に慣れていないと言葉づかいの段階からハードルが高いので、難しいのであれば**まずは模範解答の音読から入る**のがいいでしょう。

進学塾に通っているなら、今までこなしてきたテキストや受けた模試の問題の論述問題を徹底的に復習すれば、その分野の要点は押さえたことになると思います。

市販のものだと論述に絞ったテキストはなかなかありませんが、中学生向けの『**わけがわかる中学社会**』『**わけがわかる中学理科**』（学研プラス）はこの目的で使うことができます。本書では、特に重要な問題を第2章以降でまとめています。

初めての分野には、ちゅうちょせず最も易しいレベルの参考書を使う

ここまで、学校や塾に頼らない勉強法と、そのために便利な教材を紹介してきましたが、教材選びで特に強調したいポイントは、**「最も易しいレベルのテキストの使用をためらわない」**ということです。

中学受験を考える、もしくは将来的に地域トップ高校の受験を考えるご家庭だと、どうしても最初からかなりレベルの高い教材を使おうとしてしまうことが多い傾向があります。

私は札幌市で活動しているのですが、保護者の方から相談を受ける際に、「そもそも北海道の中学・高校受験に、そんなレベルの問題集は必要ないだろう」という本を見せられることが少なくありません。

道外の難関を目指しているならともかく、市内の中学・高校の受験に向けての成績向上に必要なのは難問対策ではありません。**標準レベルまでをきちんと身につけること**です。その段階になんらかの困難を抱えているのであれば、**まずは基本レベルをひととおりさらうのが効果的**なのです。

「分厚い参考書を買えば、その中には基本的な説明も含まれているので1冊ですむはず」という考え方もあります。これは、理屈のうえでは確かにそのとおりなのですが、小学生が自分でその本にメリハリをつけて取り組むことは非常に困難だと思います。

『**分野別学習ノート**』（清風堂書店）のような、最も基本的なレベルから入っても負担になるのは、１冊あたり１０００円程度のお金くらいです。それによって学習時間を減らし、学習の負担感も大きく軽減できるのですから、十分効果的なお金の使い方といえるのではないでしょうか。

学習が続きやすいように、おもしろい素材を使う

学習を長続きさせるためには、教材自体のおもしろさもポイントになってきます。

ゲームやYouTubeでだらだら時間を浪費する子が多いのは、それらがおもしろいからです。極端なことを言えば、勉強がゲームよりもおもしろければ、延々と勉強し続けられるのではないでしょうか。

おもしろさの王道である「知的好奇心を刺激する」という意味では、『**合格する○○の授業**』（実務教育出版）のようなハイレベルの講義本、もしくは進学塾の授業動画が優れています。

ただこれらには、中学入学後はほとんど使わないような細かすぎる知識も多く収録されているので、一部の分野を除けば誰にでも積極的にすすめられるわけではありませんが、興味のある分野でどんどんくわしく知りたいという子にとっては最高の教材だと思います。

理科や社会、それから言葉の知識の分野では、いくつもの出版社が競うようにおもしろいマンガを出しています。たしかに、なかにはさすがに難しすぎるものや、ストーリーと学習内容がかけ離れすぎていて、あまり勉強にはならないのでは、というものもあるのですが、絵やセリフが今ふうのものになっていたり、新しい入試傾向を意識していたりするなどの工夫が見られます。

当然、同じ傾向の公立中高一貫校には相性がいいでしょうし、私大附属校の志望者など「知識重視」の勉強で対応せざるを得ないケースではバランスを取ってくれるかもしれません。

「核」となる参考書を繰り返す

最後に、**ある教材の内容を定着させるには、やはり何度も繰り返さなければならない**ということを指摘しておきましょう。

通常時であれば、何らかのテストがあるたびにテスト勉強として見直すようなテキストがあるケースが多いと思います。しかし、テストが満足に受けられない非常時では、テストとは関係なく同じものを繰り返す必要があり、かなり抵抗を感じる子も多いかもしれません。

逆に、新たにどんどん追加される宿題に追われ、復習が間に合っていなかった子にとっては一気に追いつくチャンスとなります。

いずれにしろ、目標が見えにくいなかで同じ内容を繰り返すには、何かやり方を工夫するといいでしょう。その工夫が大掛かりなものである必要はありません。

たとえば、**毎回時間を測り、時間内にいくつ正解できるようになったかを記録してい**

く。あるいは、単におやつを食べる前のルーティーンとして行うようにするなどの、ちょっとした工夫でいいのです。

知識より応用力が重視される傾向になっているからこそ、必要最低限の知識は単に知っているだけでなく、確実に使いこなせるレベルで定着させておく必要があります。

そのための一手間、一工夫は、とてつもなくコストパフォーマンスが高いものです。

ポイント

- **最初に、「何を」「どのように」学習するかを把握する**
- **最初はシンプルな学習法。薄くて目標設定がしやすい本で**
- **誰かに教えるように、講義本を読む**
- **初めての分野には、ちゅうちょせず最も易しいレベルの参考書を使う**
- **学習が続きやすいように、おもしろい素材を使う**
- **「核」となる参考書を繰り返す**

2 中学受験をしない子の「基礎力アップ勉強法」

ここまで、主に中学受験を目標に塾に通っている層を想定して、「非常時の自宅学習法」についてご紹介してきました。

一方で、最近は長距離の通学を避けるトレンドから、無理に難関中学を目指さないというご家庭や、地方在住のためそもそも目標となるような中学校がないというご家庭も多いかと思います。

その場合、本気で難関中学を目指して進学塾に通っている子たちとまったく同じ勉強をするのは現実的ではありません。難問の解き方を教えてくれる先生も、その難問を当たり前のように解く子も周囲にいないからです。

だからといって、**まったく何の対策もしないのでは、進学塾組の優等生とは差が開く一**

方。将来的に東大・京大や医学部を目指すのなら、彼ら・彼女ら「二月の勝者」こそが、競争相手の多くを占める存在になるのです。

そこで、難関中学を目指す環境にない場合、どうすれば「二月の勝者」に対抗できる学力を身につけられるのかを考えてみます。

まずは、「読解力」!

思考力や判断力を重視する新しい大学入試傾向でも、それ以前と同等以上に重視されるのが**「読解力」**です。

最難関レベルの進学校では、そのまま大学入試に使われてもおかしくない国語の問題が出題されることも珍しくありません。**国語にかぎらずすべての科目において、読解力は難関大学受験に向けた学習の前提となる非常に重要な能力**だからでしょう。

もちろん、これは中学受験をしない場合でも同様です。読解力が不十分だと、いずれ数学や英語の学習でつまずいてしまうことになります。これが、読解力については、難関中学に受かるような子たちに近いレベルでの学習をしておくべきだと考える理由です。目標としては、**「文章読解・作成能力検定」**（文章検、日本漢字能力検定協会）がおすすめです。公立中高一貫校の入試だけでなく、新傾向の高校入試問題にもぴったり傾向が合っています。

また、一口に読解力といっても、いくつかの要素があります。

一つは語彙《い》力や話題に関するものなどの知識面。知らない言葉だらけだと、文章そのものが何を言っているのかよくわからないでしょうし、「自然・環境」や「文化の違い」など、頻出のテーマに関してのいわゆる「背景知識」が足りないと、読むのに時間がかかりすぎて、国語のテストを最後まで解けないということになりがちです。

もう一つ大きいのが、文章の読み方。学習に必要となる、客観的に「文章の構造」をつかむような読み方は、日常生活ではありがちな感情移入して物語を読むような読み方、あるいは必要な情報だけを探してざっと見るような読み方とは大きく性質が異なります。

そのため、**文章全体をしっかり理解するための練習も、ぜひしておいたほうがいい**でしょう。

そのための素材としておすすめなのが、**中学生向けの理科・社会の参考書**や、**『岩波ジュニア新書』『ちくまプリマー新書』**といった読み物です。

難関中学を目指す場合、算数や理科・社会にも多大な時間と労力を割かなければならないので、なかなか読む時間をとるのは難しいでしょうから、これらを扱えるのは**中学受験を選択しない組の大きなメリット**とも言えると思います。

一般的に、**高校入試に必要な知識は難関中学入試に比べるとかなり少ない**ので、中学生向けの参考書の中には理屈の理解を重視したものもけっこうあります。

もちろん、中学受験向けの良書もありますが、それらにはやはり多くの用語知識が詰め込まれています。用語知識に圧倒されて、肝心の構造がつかめないのでは、元も子もなくなってしまうでしょう。

ともあれ、**理科・社会の学習や興味がある分野の読書を通して読解力を伸ばすことができれば、国語の読解問題集は数冊で済みます。**もちろん、エンターテイメント性の高いものを多く扱うこともできますし、難関中学の問題に挑戦してみることもできるでしょう。

私が中学受験組以外には難関中学受験の参考書をあまり勧めない理由の一つは、収録されている知識量が多いということ。もう一つは、そもそもその知識の中には**中学受験以外では活用されにくいものが多い**ことです。

たとえば、動植物の名前とその生態、細かい山や川の名前、あるいは数学なら簡単に解ける問題の算数独特の解き方など。もちろん、これらの知識もその分野が大好きな子なら大いに身につければいいと思いますが、趣味として楽しむ以上の効果はたいして見込めません。

一方で、進学塾が扱うような学習内容の中には、受験するしないにかかわらず、身につけてほしい知識もたくさん含まれています。特に、算数で数の性質をテーマにする問題や、理科の実験内容とグラフを検討させるような問題は新傾向の大学入試にも直結します。日本の細かい地名や作物名はともかく、**「なぜその地域にその産業が発達しているのか」といった理解は読解力につながります**し、高校入試・大学入試で主流の世界地理の問題でもそのまま使えることが多いものです。

英語：「読む、聞く」（＋話す）を仕上げる

次に、情報が錯綜している英語について。

まず、大学入試共通テストにおいて「4技能」（読む、書く、聞く、話す）の必須化は見送られたのですが、これは改革がまったくなされなかったということではありません。文法などの知識問題が姿を消した一方で、**リスニングの配点は大幅に引き上げられてリーディングと同等**になっています。おそらく、難易度も上がってくるでしょう。

文法ドリルが中心の従来型の英語学習では、今後の共通テストのリスニングに対応するのは難しいと思います。なぜかと言えば、日本人が英語をネイティブのスピードで理解したり流暢に話したりするには、3つの大きな壁（発音、リズム、後置修飾）があるからです。

そして、**これらの壁の高さは小学生時代に行った英語学習によって大きく変わってくる可能性があります。**

現在の小学校英語は、「聞く・話す」に重きが置かれています。このうち、「話す」については、以前から中学校で行われているようなパターンプラクティスが中心であり、内容も簡単なものばかりです。

ところが、今の小学生が授業で聞いている音声の中には、かなりレベルが高いものも少なくないのです。

これが、「一部の単語さえ聞き取れれば」いいではなく、「だいたい理解できるように」なっていたら、卒業する頃には、英語の聞き取りがかなりできるようになっているのではないでしょうか。英語の音とリズム、日本語にはない構造に慣れていれば、十分可能なレベルだと思います（くわしくは第4章）。

さらに、文法や単語も勉強する際の目標として「英検」がよくあげられます。ただ、今の英検では3級からライティングが必須になっていて負担が重いので、**「TOEIC Bridge」**や**「JET」（ジュニアイングリッシュテスト）**、**「TOEFL primary」**のほうが現実的かもしれません。

特に英検3級のレベルは、ネイティブの小学1～2年生、つまり読んだり話したりするのはともかく、文を書くのはまだまだおぼつかない段階に相当します。無理にライティングの対策までするよりは、**「読む、聞く」（＋話す）を仕上げるほうが自然**なようにも思えます。

算数：図や表を書いて、分析する

算数については、難関私立を受験するのでなければ、無理に受験算数を学習する必要はないというのが私の見解です。

その一方で、**数の性質をテーマにした問題で表を書く練習**や、**図形の移動の問題でいくつもの図を自力で作成する練習**は、**大学入試を見据えればぜひ早いうちからやっておいてほしいもの**です。

ただし、それを算数でやるか数学でやるかは問いません。たしかに、書き出したり表を書いたりする問題については、算数のほうがまとめて扱ってくれる教材が充実していてやりやすいと思います。公立一貫校の適性検査にも、よい問題がたくさんあります。

その一方で、図に書き込んだり図を作成したりする問題は、座標平面上で行うことが多い数学から入るほうがやりやすいのではないかとも思います。

いずれにしても、**大切なのは自力で図や表を書いての分析をやり続けること**。

実は、教科書をしっかり活用すれば自然にそうした学習ができるようになっているのですが、現実的にはできていない子が圧倒的に多いようです。というわけで本書の算数パート（第3章）では、まずその部分の作法を確認していきます。

もし、特殊算の文章題をやるとしたら、式を丸暗記するのではなく、必ず自力で図を作成してから式を立てることが大切です。

その図の中にxや文字式を書き込んで方程式にするというところまでやるほうが、後々はスムーズだと思いますが、きちんと図を描いてさえいれば、さほど障害はないでしょう。

数学を進めるなら「数学検定」を目標にしていくのもよいと思いますが、より入試改革に対応している**「思考力検定」**（国際算数・数学能力検定協会）もおすすめです。

塾に頼らずに簡単な公立一貫校対策と同等の学習ができますし、公式テキストの解説には正答率も示されて使いやすくなっているからです。

ポイント

- 国語は受験組と同じレベルで学習できていないと厳しい。頻出分野を複数の視点から
- ただし、素材には中学生向けの理科・社会の参考書が使える
- 難しすぎる算数や細かすぎる動植物の知識、地名は好きな子だけがやればいい
- 限定的に、中学入試対策も取り入れる
- 英語の3つの壁（発音、リズム、後置修飾）を越えて、授業を100％理解する
- 算数・数学を一貫した作法を身につける

3 本気で中学受験を目指す子の「ケース別勉強法」

中学入試は高校入試や大学入試共通テストとは違い、受験する学校によって問題のレベルや形式が大きく違います。

したがって、**学習しておくべき内容も志望校によって大きく異なってきます。**正確には学校ごとの傾向もバラバラなのですが、まずは大きな類型ごとに見ておきましょう。

ケース1　首都圏や関西、九州などで一部の難関校を目指す

知識、応用力とも高いレベルで求められるため、**必要な学習量は非常に多くなります。**しかも5年生、6年生と学年が上がっていかないと理解しにくい項目の学習も必要なので、**専用のカリキュラムを組んでの学習がほぼ必須。**

3年生の2月頃から、ＳＡＰＩＸや浜学園といった難関校に強いとされる進学塾や、全国的に名前の知られた塾（の提携塾）に通うというのが普通です。

また、学校によって「難問型」「スピード勝負型」「記述重視」などの傾向が異なるため、6年生ともなれば、志望校に特化した学習内容が多くなります。

合格最低点はおおむね6割前後と、対策を重ねてきた受験生にとっても決して易しくはない出題がなされていることがうかがえます。

傾向や塾事情など大学受験に近い要素も多いのですが、あくまで受験するのは小学生という点ではやはり独特な世界です。

一方、中堅校の場合は、標準的な難易度の典型問題が多くなります。合格最低点は難関校と同程度なので、教科書的な知識に加えて受験に頻出する解法パターンをひととおりマスターすれば合格点に届くことが多いです。

無理に応用問題に手を出すより、**5年生までのテキストを徹底的に復習すべき**といわれるゆえんです。

ただし、昨今は単純な暗記が通用しない**「思考力重視」の傾向が中堅校にも広がってきているようです。**自分で図を描いて問われている内容を整理するなど、きちんと理解したうえでの暗記が求められていると言えるでしょう。

最近は、中堅校が「特待生入試」や「医学部コース」などの入試を行うことも多くなっています。これらの入試は、偏差値的には難関校に近いこともありますが、傾向的には難関型とは限らないので注意が必要です。ほかのコースと同一の問題で合格点だけが高いなど、難関校とはまったく違う傾向の問題ということもあるからです。

また入学後の環境も、周囲にライバルが少ない、成績維持の強いプレッシャーにさらされるなど難関校とは異なる点があり、自分のペースを貫ける子でないと、同じような偏差値の難関校のように学力を伸ばすのは難しいかもしれません。

相性を見極めることが重要なのはどんな学校を選ぶ場合でも同じですが、**特待生や特別コースの場合は特に留意する必要がある**と思います。

ケース2　地方の教育大や国立大学の教育学部附属中学を受験

東京などでは国立の附属校が私立のような難問を出すケースもありますが、そういった例外をのぞけば、**基本問題中心の入試がほとんど**です。教科書から逸脱した受験特有の知識はあまり要求されません。ただし、たいてい記述問題が多いので、**自力で基本事項をしっかり説明できるような学習は必要**でしょう。

また、音楽や家庭科の試験があったり、面接が重視されたりというように、特殊な出題もよく見られます。過去問や合格点を公開していない学校もありますが、問題が易しい場合に、合格するには8割以上の高得点が必要だろうと推測されています。

情報を集めた大手塾が多くの合格者を出す地域がふつうなのですが、**ほぼ塾なしでの対策も私立ほどは難しくない**と思います。志望校に特化した講習やテストさえ受けていれば、不利な点は少ないからです。

なお、私立でも法政や同志社の附属校は偏差値の割に問題が易しく、合格点が高くなっているので、どちらかというと、国立附属に近い傾向であると考えられます。

最近は私立でも適性検査型の入試を行うところが出てきたことが話題になりましたが、実は国立でもお茶の水女子附属中など適性検査型に大きくシフトするところが出てきています。

公立中高一貫校対応の模試も受けておくなど、ある程度は意識しておいたほうがいいでしょう。

ケース3　公立の中高一貫校を受検

どんどん数が増えている公立一貫校の入試では、**「適性検査」**と呼ばれる従来の科目の枠にとらわれない問題が出題されています。

一口に適性検査といっても、国語、算数など各科目の要素が強い出題をする学校から、ほんとうに各科目の要素がほとんどない出題をする学校まで結構な幅があります。

各科目の要素と、その場で考える要素のバランスが取れているところが多数派ですが、

	難関私立の合格者シェアが高い塾	公立中高一貫校の合格者シェアが高い塾
北海道	四谷大塚ネット	進学プラザ・北大学力増進会
埼玉	SAPIX・早稲田アカデミー（四谷大塚提携）	あづま進学教室
東京	SAPIX	ena

札幌市や横浜市のように各科目要素が非常に薄いところ、逆に沖縄や大阪、京都のように各科目の要素がかなり強く、私立型に近いところもあります。

沖縄や大阪は、このところ目に見えて学力が向上している地域でもあるので、今後ほかの地域が真似てくることもあるかもしれません。

各科目の要素が薄い地域をのぞけば、**基本的な受検知識を身につけつつ、適性検査に特化した対策もするというのが一般的**です。また、私立とは違って内申点（小学校の成績）が重視される学校もあるなど、公立高校入試に近い要素もあります。

合格者のシェアを見ると、首都圏では偏差値が高騰してＳＡＰＩＸからの合格者が多いような学校があったり、沖縄では日能研が強かったりしますが、これらはあくまで例外。

地方ではたいてい国立附属中学と同様に、地元の大手塾からの合格者が、東京や大阪では公立中高一貫校に特化した塾からの合格者が多くなっています。もっとも、もともと暗記学習が中心の塾でほんとうに十分な対策ができているのかについては疑問が残るところではあります。

逆に、**相性がよさそうなのが通信教育のZ会**で、地方でもZ会員の合格者がそれなりに出ています。

プレテストや過去問演習が重要

中学入試が高校入試や大学入試と違う点の1つに、**「番狂わせ」が起こりやすい**ということがあります。最大の原因は、なんといっても受験生がまだ小学生であるという点でしょう（68ページのコラム参照）。

単に幼いというだけではなく、受験に匹敵する「本番」の経験も少ないことから、高校入試や大学入試と比べて点数が安定しにくく、難関校では「もう一度入試をやれば、合格者の半数は入れ替わる」などということがよくいわれます。

また、幼いということは伸びしろが大きく、**直前期の集中学習で化ける子が出やすい**ということもあるでしょう。

これらに加え、**科目や出題傾向にも点数が安定しにくい要素がある**と考えられます。

高校入試や大学入試であれば、理科・社会の知識問題をはじめ英語や古典など、比較的点数が安定しやすい科目の配点が高くなります。特に、英語の配点が高いことが多く、安定しにくい現代文や数学の応用問題は、そもそも相対的な配点が大きくないのです。

ところが中学受験では、現状、ごく一部の例外をのぞいて英語の試験はありませんし、難関校では理科・社会の配点を小さくするところが多いです。

公立の中高一貫校に至っては、知識問題がいっさい出題されないというところもあるくらいで、対策なしでは点数が安定しにくくなっています。

そこで**重要になってくるのが、本番にできるだけ近い条件での演習**です。

受験校の傾向、難易度に合った問題を、本番を想定した時間配分で解く訓練をしていないと、偏差値的にはかなり余裕がありそうな学校でも苦戦する可能性が高くなります。

第一志望校だけではなく、**傾向が近い併願校の過去問も、できるだけ解いておくほうが有利**でしょう。

また、**実際に受験会場となる中学校で模試や「プレテスト」を受けておく**のもよい経験になります。

「プレテスト」というのは、学校側が主催する入試体験イベント。大阪桐蔭や清風南海の「プレテスト」、北海道・立命館慶祥の「立命模試」は上位者が多く受験するテストとして定着しているほか、人気の公立中高一貫校と同タイプの「プレテスト」を行う学校も増えています。

同様に、志望校の受験日前に合格発表がある**「前受け校」も可能なら受験しておいたほうがよい**のですが、その場合は**志望校と傾向が合っていることが前提**になるでしょう。

傾向があまりに違う「前受け校」の受験は、過去問対策などそれ自体の負担が大きいうえに、合格できずにかえって精神的に不利になってしまうリスクも大きいからです。

東京の受験生の場合、埼玉や千葉の学校を受けるケースが多くなっているようですが、必ずしもそれらの「前受け校」が本命校の傾向に合っているわけではないので、地方校も含めて検討できているほうが有利になるはずです。

傾向的には、**志望校が難問型なら西大和学園、比較的易しい問題も多いなら愛光学園の東京会場入試**が使いやすそうです。

中学受験は、ルールを守る子が有利？

中学受験では、大学入試改革に向けていち早く理屈の理解が必要となる**「思考力重視」の出題が広がってきました。**もともと難関校では、知識の詰め込みが通用しないのは当然でしたが、中堅以下の学校でも通用しなくなってきているのです。

たとえば、月の満ち欠けに関する問題では「しじまか表」などと呼ばれる表を覚えるという対策が一般的だったようですが、そういったやり方では解けない出題が増えているということです。**自力で図を作成して、「なぜそうなるのか」を説明するような学習をしていないと解けない**問題です。

実は、今の教科書ではこの手の図をかなりていねいに扱ってくれているので、**教科書をきちんと学習できていればさほど心配はありません。**

問題は、学校や塾の授業で軽視されてしまう場合がけっこうあることです。進学塾ならまず大丈夫でしょうが、地元の公立中高一貫校を目指す場合に、その地元の塾に対策をまかせようとすると、本末転倒な指導をされてしまうこともあるので注意が必要です。

同様に増えているのが、覚えている解き方やルールを当てはめるのではなく、その場で問題文中からルールを読み取って当てはめる**「読解力重視」の出題**です。

算数や理系の理系教科でも、長い文章を読んで答える問題が一般的になりつつあります。

こういった問題で有利なのは、**ふだんから人の話をよく聴き、その場その場のルールを守ることができる**、言い換えると、「精神年齢が高め」の子でしょう。

話を最後まで聞かずに早合点してしまったり、途中で自分勝手にルールを解釈してしまうようなやり方だと、問題の難易度にかかわらず正解できなくなってしまうからです。

実は私が、娘の受験で最も苦労したのもこの部分。６年生になるまでは学校のテストで１００点を取ってくることが珍しく、表面だけで終わったと勝手に判断して裏面は０点を取ってくるような有様でした。

そのため、自由度の高い作文であればさほど苦にしていなかったのですが、多数の条件を指定される適性型作文の問題などは相当苦戦していました。

演習を重ねたこともあって、精神年齢が追いついてくる受験直前には急激に伸びてくれたのですが、ルールを守るのが苦手な子の受験指導は二度とやりたくないというのが正直なところです。

カリキュラムのヒント１　非難関国公立向け
――コロナ禍の中学受験奮戦記から

ここからは、私が実際に娘（現・中１）に指導した内容をもとにしながら、具体的な学習内容についてお話しします。

想定する受験校は、地元・札幌の国立大学附属中と公立中高一貫校でしたが、それぞれ首都圏のもう少し難易度が高そうな学校を仮想志望校として設定しています。

・まず、漢字の読み方と言葉の知識から

本格的に受験勉強を始めるまでに重視したのが、**漢字の読み方と言葉の知識**。**『小学生の漢字１０２６字読み取りドリル』**（メイツ出版）や**『小学４年生までに覚えたい』シリーズ**（文英堂）、**『いっきに極める国語』シリーズ**（くもん出版）で、６年生までの漢字の読み方と意味、慣用句・ことわざを集中的に学習しています。

あとは、「青森と言えばりんご」レベルの都道府県に関するごく基本的なイメージですね。その程度の学習で、受験予定だった地元の国立大附属校向け模試を受けたところ、見事にＥ判定でした。

これを受けて、本格的に算数の勉強もはじめ**『強育ドリル』**（ディスカヴァー）をこなしたほか、「解き方がわからない図形の問題は飛ばす」など多少のテクニックも教えたとこ

ろ、数か月後の模試では合格圏に入りました。

ただ、やはり「すべて選べ」という問題の答えを1つに絞ろうとして悩むなど、テスト自体が苦手という面も目についたので、その後はなるべくテストを受けさせることにします。

最初の模試も対策なしで受けさせたのには、単なる力試しという意味もありますが、「勉強をすれば成績が上がる」という体験をさせておきたかったことが大きいです。

5年生になる頃には、**『小河式3・3モジュール』**（文藝春秋）や**『算数ラボ』**（新学社）で、算数と適性試験の算数的問題の基本を終わらせていました。理科・社会は、**歌やマンガでイメージをもたせておく**程度ですが、「千本桜　日本の歴史ver」など気に入った曲は完全に覚えていました（歌については、のちほどくわしくお話しします）。

（『小河式3・3モジュール』が手に入らない場合は、**『小学基本トレーニング　○級　反復式＋進級式』シリーズ**（増進堂・受験研究社）もよさそうです。）

・5年生からは、数学を通じて「算数の作法」を

5年生になってからは、中学数学の基本を数学検定用の参考書などでひととおり学習させています。

適性試験で問われるような**「初めて見るルールを読み取って適用する」**練習を、数学を通してやりました。また、方程式の応用問題として特殊算の基本もひととおり学習しています。

国語は**『ほんとうの「国語力」が身につく教科書（改訂版）』**（Z会）に加えて、**中学生向けの理科や社会の参考書、記述問題の模範解答を音読するのが中心。**理科、社会は、範囲が指定される模試に合わせて**『一問一答完全版』**（学研プラス）も繰り返しました。

（『ほんとうの「国語力」が身につく教科書』は絶版のようなので、今からなら中2くらいまでの国語の教科書ガイドやワークを使うことになりそうです。）

そのほか、**受験した模試の復習は徹底しました。**受験校に合わせたもののほか、札幌で受験可能だった全国模試も何種類か受けさせています。

なかでも役立ったのが**「日能研全国テスト」**。傾向も国公立の入試によく合っていましたし、答案をそのまま持ち帰り可能なうえに翌日には結果がわかるので、復習しやすくて非常にありがたかったです。

テストを多く受けるようになったにもかかわらず、転記ミスや設問の指示を読まないといったケアレスミスが非常に多く、どの科目も成績は不安定でした。

・そして、コロナが猛威を振るう……

そうこうしているうちに、北海道ではいち早く新型コロナウイルスが流行し、一斉休校期間となりました。

その間には**『基礎ドリ』シリーズ**（文英堂）で各科目の知識を固めたほか、算数の数の性質にかかわる問題、地道に書き込めば解けるタイプの図形問題、理科のグラフ問題、社会の時事問題、流行しているテーマの説明文など、重要分野では一般的な中学受験向けの勉強もこなしています。

また、進度に余裕ができたことから、中学入学後の友だちづくりが円滑に進むようにと考えて、地元国立附属校志望者が多く通う塾にも通わせだしたのですが、これが大失敗。

好成績を出しては調子に乗って勉強をサボり、成績が下がるということを繰り返すはめになりました。

休校中の模試が上出来だったのに気をよくして、夏前には国語で壊滅的な点数。そのため夏期講習を避け、別の塾用教材などでできなかった部分を集中的に学習した結果、8月の模試は1位を連発したかと思うと、9月にはまたひどい成績を取る。

そこで対策をした10月はまた1位を連発するも、11月にはかろうじて合格圏、というところまで下がりました。

・入試直前期には、本番を想定した演習を

国立附属中の入試は12月なので、もう後がありません。そんな時期に、娘の小学校のクラスで新型コロナウイルスの感染者が出て、娘も濃厚接触者に指定されるという事件が起きてしまいました……。体育、音楽など濃厚接触の可能性がある部分は、徹底して避けさせていたにもかかわらずです。

聞けば、その後東京では混乱を避けるため、クラス内に感染者が出ても濃厚接触者と見なさない対応をしていたとか。結果的には、**入試直前期に学校にも塾にも行けなかったことで本番を想定した演習量を増やし、学力的に優位な状況で受験を迎えることができた**のですが、一歩間違えば受験自体ができなくなるところでした。

さて、札幌では国立附属中が第一志望で正規合格の場合、市立の中高一貫校は受験できないことになっています。ですが、せっかくなので適性型の受験も経験しておけるように、私立中も1校受験することにしていました。

入試の雰囲気を味わう目的で私立の「プレテスト」を受験していたため、なぜか「適性型入試」をうたってはいないのですが、明らかに適性型問題が主体の私立中があることがわかっていたのです。

知識問題は、国語のみ四谷大塚の『**四科のまとめ**』で該当部分を対策したくらい。もともと仮想志望校としていた首都圏の公立一貫校に加え、各科目色が強めの公立中高一貫校の過去問演習で対策した結果、こちらは見事に特待生に認定されました。

もちろん、過去問はただそれを解けるようにするだけではなく、**できていない部分の類題を大量に解かせています。**

このときは、仮想志望校の過去問がかなりよくできていたので、調子に乗ってしまわないように、あえて最難関校の問題もいくつか解かせて調子を整えていました。

・英語は歌を覚えて、リズムや発音を身につける

ここまでの学習内容、「しょせん田舎の低偏差値校だから、大して勉強していないじゃないか」とも見えるかもしれません。

実は、これ以外のところでも苦労がありました。英語です。

学校の英語が明らかに実力より難しいことを多く扱っているので、なんとかそれについていけるようにとかなりの学習時間を割きました。

まずは、学校で使う教材自体の理解。さらに、中学校3年分の教科書ガイドと例文集の繰り返し音読。そして、第4章で取り上げる**「歌の学習」**です。

小さい子向けの童謡ではモチベーションが上がらず、効果も限定的なので、現に**学校ではやっている曲の英語バージョン**を使いました。公式のものがなくとも、ヒット曲ならたいていYouTubeでファンが英語バージョンを歌っています。

最初に覚えた「パプリカ」はともかく、「Pretender」や「紅蓮華《ぐれんげ》」は英語的にもリズム的にも相当手ごわかったのですが、**なんとか歌えるようになった頃には、すっかり英語のリズムや発音を身につけていました。**

特に、海外や英会話教室などの経験がない小学生がどうやって歌えるようになったのかについては、第4章でくわしく解説します。

カリキュラムのヒント2——難関国私立向け

さて、娘が実際にこなしたカリキュラムの中には、一般的な中学受験向けの教材があまり含まれていません。受験予定校に中学受験特有の知識を必要とするところがなかったからです。

むしろ、知識を増やすことで、少し考えればわかる問題なのに知識に頼って解こうとしてしまい、逆に成績が下がる可能性を危惧していました。大学受験ですらそうなってしまう生徒が多いことを経験的に知っていたので、小学生の娘にはなおさら危険が大きいと考えたわけです。

また、マンガの『二月の勝者』を読んで某難関女子校に興味を示していたことから、「本気でそこを目指すなら、これとこれとこれはやることになりますね」と教材を提示したところ、一瞬で拒否されてしまっていたという経緯もあります。

難関国私立中学を目指す場合は、次のように考えました。

- **国語は、サピックスの『漢字の要』を完璧にする。**
- **算数・理科は、少なくとも小6上まで『応用自在』（学研プラス）をやり、理科・社会の『要点整理』（KADOKAWA）を覚える。**
- **社会の用語は、ちゃんと漢字で書けるようにする。**
- **演習に入る前に、算数・社会の『合格する○○の授業』シリーズ（実務教育出版）を読**

み込む。

- **図形は『必勝手筋』（東京出版）も覚える。**
- **スピードをつけるための演習を、よく選ばれる併願校も含めて安定して時間内に解けるようになるまでやる。**

実は、スピード重視型の難関校なら年度・科目によってはそれなりにできそうなものもあるし、学習効果も期待できるのでいくつかやってみてはいます。

同様に、その学校をモデルにしたマンガをどこかで読んできたとかで、とある難関共学校の名前をよく出していましたが、全科目の難問対策の講義本や問題集に加え、思考力重視型難関校の過去問を50セットくらいやる必要がありそうなので、私のほうでさすがに無理だと思うと言っていました。

直前期にほんの少しだけ特徴的な過去問をやらせてみたところ、案の定、ほとんど点数が取れていませんでした。そこそこのレベルまで適性型の学習をやってきた程度では、同じ思考力重視型とはいえ、私立のトップ校にはまったく通用しないようです。

解説がくわしい問題集をマスターしたうえで、首都圏の学校なら**『有名中学入試問題集』**（声の教育社）、西日本の学校なら算数・理科の**『20年シリーズ』**（英俊社）などでの演習が必要だと思います。

カリキュラムのヒント3――難関国公立一貫校向け

一部の例外をのぞけば、公立中高一貫校でも受験基本程度の知識は必要になってきます。市販されている参考書でも適性検査型の応用問題の対策は可能ですが、知識とのバランスの取り方が難しいかもしれません。しっかりした公立一貫校向けのコースを持っている塾では、知識と応用を連動させたカリキュラムを組むことが多いようです。

塾向けの教材は、地方だと対応している塾がなかったりして入手が困難なものもあるでしょうが、最新の**『公中受検新演習』**シリーズ（エデュケーショナルネットワーク）であれば、**「しゅともしCLUB」**（https://www.syutoken-mosi.club/）というサイトで販売されています。

質的にも量的にも難関私立向けのテキストに比べればはるかに扱いやすいので、このシリーズをベースに進めていく、あるいはこのシリーズをできるだけ早い段階で終わらせてしまうという使い方が可能だと思います。

そのうえで、公立中高一貫校を第一志望にした場合、悩ましいのが**併願校の考え方**です。傾向というより科目自体が異なるため、第一志望に近い偏差値帯の私立中学の対策まで行うのはあまりにも負担が大きい。かといって、適性検査型の科目で受験できる私立はかなり限られてきます。

そこで候補になってくるのが、**二科目入試や算数一科目での入試、あるいは英語を利用した入試**などでしょう。これらの方式であれば、私立型との両立も可能な量です。

算数のみの入試は、新しく導入された入試だけに「思考力重視」になっていることが多く、適性検査との相性も悪くありません。英語を利用した入試も、難関私立型よりはむしろ、公立型の勉強のほうが両立しやすいと思います。

公立中高一貫校に合格できなければ高校入試を考えるというケースでも、**英語を勉強しておくことのメリットは大きい**ものです。

新課程では、ふつうの公立でも従来より高度な英語を扱うことになり、**高校入試の英語も難化が予想されている**からです。

ポイント

- ■併願校は、同傾向の受験校に絞る
- ■復習が間に合わないような塾の授業、範囲の学習が間に合わないようなテストは受けない
- ■「これを調べればたいていわかる」という参考書や電子辞書を用意しておく
- ■間違え方のパターンを把握しておく
- ■理解できていない範囲は、ちゅうちょせず前学年からのテキストを復習する
- ■気分転換の方法を把握、確保しておく

コラム

高校受験に比べて、中学受験はコスパがよい？

２０２０年までにも東京の都立日比谷高校、大阪の府立北野高校が大きく進学実績を伸ばして「公立復権」と話題になっていましたが、２０２１年はさらに横浜翠嵐《すいらん》高校が50人の東大合格者を出しました。

これには、「遠くの超進学校より地元のトップ校」という地元志向や、将来を考えて男子校を避ける共学志向も大きく影響していると思いますが、それぞれの公立高校の受験指導が充実してきたというのもまた事実だと思います。

こうなってくると、**高校受験を目指すべきか、中学受験をするべきかというのは、今まで以上に大きな関心事**になるでしょう。

もちろん、それぞれいろいろな観点からのメリット・デメリットがありますが、ここではおもに**「国内の難関国公立大学への進学に有利かどうか」**という観点に絞って考察します。

❶受験する学校までの通学時間・環境

まず考慮すべきは、通学時間やその環境です。遠くの中学校まで通うのは、それだけでも負担が大きく、勉強時間の確保には不利にはたらきます。いくらレベルの高い授業を受けていても、満足に予習復習ができなければ十分な効果は見込めません。ただし、すぐ近くの駅が始発の電車に座り、乗り換えなしで学校まで行けるようであれば、通学時間を予習復習に当てることも容易でしょう。その場合、時間の長さは、さほど問題にならないかもしれません。

❷周囲に影響を受ける度合い

周囲に流されやすい性格の場合、上位進学校の「みな勉強するのが当たり前の環境」は大きなメリットになります。地域のトップ校や超進学校で特に優秀なクラスメートから刺激を受けることで、学力の向上が見込めるからです。

一方、環境にかかわらずマイペースを貫けるタイプの子だと、このメリットは薄れます。**公立中学校でも周囲に流されず、ハイレベルの学習を続けられるのであれば、無理に中学受験をせずとも、将来難関大学に合格する可能性は高い**と思われます。

❸地元の公立中学校のレベル

そして、**中学受験が有利かどうかは、地元の公立中学校のレベルにも左右されます。**地域によってはですが、同じ公立でもトップ高校に何十人も合格するような中学校もあれば、一人いるかいないかという中学校もあるのです。一般的に、レベルが高いとされる公立中学校の学区では、中学受験率が高くなっています。

しかし、そういった学区から中学受験をするメリットは相対的に小さくなっているといえるでしょう。特に英語に関しては、２０２１年から公立中学校で使われる教科書もかなり難しくなり、『ニュートレジャー』（Z会ソリューションズ）などの私立向けのものに近づきました。周囲に受験する子が多くとも、焦る必要はないと思います。

④精神年齢の高さ

難関中学受験では、受験生の幼さに問題の難易度の高さなどの条件が重なるため、当日のコンディションに結果が左右されやすい面があります。その日の気分に左右されず、安定して実力を発揮できる子が有利なのは否めないでしょう。

また、必要な学習量も多くなるため、そのときの気分にかかわらずコツコツと勉強できる子が有利だと思います。これらを端的にいえば、**「精神年齢の高い子が有利」**ということです。

学力は高くとも精神年齢がともなっていないようなら、**中学受験の枠にとらわれずに、好きな科目で中学・高校の学習内容を先取りするほうが、難関大学合格に近づけるということも**あるのではないでしょうか。

⑤内申重視地域の場合、内申点が取れる子かどうか

公立高校入試では内申点がかかわってくるので、5教科の勉強以外のことも器用にこなしたり、空気を読んで先生に気に入られたりすることが得意な子が有利になります。

体育や音楽が極端に苦手だったり、タイミングよく発言することが苦手だったりするタイプの子は、いくら学力が高くても公立トップ校に合格するのが困難ということがありえます。

ただし、最近は横浜翠嵐高校や札幌南高校のように、内申点を考慮せず入試の点数だけで合格者を決める枠を設けているケースもあります。**中学受験を選ぶかどうかを考える際には、地元の高校入試の制度を把握しておくことをおすすめします。**

単に内申点の割合だけでなく、高校入試問題の難易度も重要な要素です。

公立高校のレベルは低くないのに入試問題が簡単だと、合格に必要な得点が極端に高くなってしまい、学力では差がつきにくいからです。

一方、東京や大阪では入試問題が難しいので、内申点が多少低くとも十分挽回可能であると考えられます。中学入試の国語や算数と違い、高校入試の英語や数学はしっかり勉強ができていれば得点を安定させやすいので、**トータルの勉強量を確保できそうなら、最初から公立トップ校狙いというのも悪くない**と思います。

第2章

「文系科目」の作法

（国語、社会、一部の理科）

基本作法

物事の構造を把握する

文系科目（国語、社会が中心で、一部理科を含みます。公立中高一貫校の入試対策は、おおむね「文系」「理系」の区分で行われています）では、**「大きな構造の把握」や、それを的確に用いた表現**がこれまで以上に重要になります。

その対策として有効だと考えるのが、**「ことわざ」の学習**です。ことわざというのは、国語の長文問題をはじめ、各分野で頻出する構造そのものを端的に言語化したものが多いからです。

① **ことわざとその意味を覚える。**

② **そのことわざの構造が当てはまる、具体的な状況を表す例文をいくつかつくってみる。**

これが、**文系分野でもっとも大切な「構造把握の作法」を身につけるためのはじめの一歩**となります。

その際、たくさんの言葉にふれることだけでなく、**少数の重要語をしっかり使いこなせるようにするのがポイント**です。

というわけで、次ページからの例題をお子さんに解かせてみて、現段階での理解度を把握してみてください。

A 次の意味を表すことわざを答えなさい。

① 百回聞くよりも、一度自分の目で見たほうがよく理解できる。

② 危険な近道より確実な遠回りのほうが、かえって目的地に早く着くことができる。

③ 身近なことには、案外気がつきにくい。

④ 似たものどうしが自然に集まるものだ。

⑤ 失敗した反省点を改善していくことが成功につながる。

⑥ 気の持ちようによって、病気は良くも悪くもなる。

⑦ 本当に実力がある者は、簡単にそれをひけらかしたりしない。

⑧ 狭い世界の中の常識しか知らないことのたとえ。

⑨ 苦しかった経験も過ぎ去れば、その苦しさを忘れてしまう。

⑩ 何事もやり過ぎると、足りないのと同様によくない。

B

①～⑩のことわざが当てはまる、具体的な状況を表す例文を2つずつつくりなさい。できるだけおもしろい話にすること。

文系・基本

A 解答

①百聞は一見にしかず

②急がば回れ

③灯台もと暗し

④類は友を呼ぶ

⑤失敗は成功の母（もと）

⑥病は気から

⑦能ある鷹《たか》は爪を隠す

⑧井の中の蛙《かわず》（大海を知らず）

⑨のど元すぎれば熱さを忘れる

⑩過ぎたるはなお及ばざるがごとし

B 解答例・解説

①解答例

○メールでいくら報告を受けても、宿題がどのくらい進んでいるのかよくわからなかったが、実際に会ってみると非常によくわかった。顔が真っ青だったからだ。まったく宿題が進んでいないと、顔に書いてあったようなものだ。百聞は一見にしかずだ。

○マイナス二桁の気温がどのくらい寒いのか、「おそロシア」「試されすぎた大地北海道」などのフレーズをネットではよく見かけるが、実感はできていなかった。しかし、実際に冬の北海道を旅行したときに感じた鼻の違和感がはっきり教えてくれた。凍った鼻毛を異物のように感じていたのだ。百聞は一見にしかずだ。

①解説

「百回聞くより、一度見たほうがよくわかる」という意味ですが、もう少し広げて、**間接的に見聞きした情報と実際に体験した情報の質的な違いを論じた文章の出題が流行しています。**

テレビやネットでいくら見聞きしていても、実際に体験しなければわからないことがたくさんある。いくら問題集で植物の勉強をしても、実際に野菜を育てる苦労は理解できない。ＳＮＳの文字だけのコミュニケーションでは伝わらない情報も多い。

こういった趣旨の文章は、国語の問題を解いていれば何度も見たことがあるはずです。

② 解答例

○学校に遅刻しそうなので、大雪が積もったままの公園を通って近道をしようとした太郎くんは、何度も雪にうもれて脱出に時間がかかり、結局遅刻してしまった。ちゃんと除雪された通学路を通った次郎くんはなんとか間に合った。急がば回れ、だ。

○計算ドリルの課題を早く終わらせようとして急いだ太郎くんは、ミスが多すぎてやり直しを言いわたされてしまった。ていねいに計算した次郎くんは、一発で合格してそのままゲームをはじめることができた。急がば回れ、だ。

③ 解答例

○これから買い物に行こうというときに、必死で家中を探しまわったのに、財布がどうしても見つからない。疲れて座り込んでしまったところ、尻ポケットに財布が入っていたことに気づいた。灯台もと暗しだ。

○友だちから回ってきた手紙に、暗号として韓国語（ハングル）が書いてあった。なんとか読みたくて、世界の国についての参考書を調べてみたがのっていないし、ネットで調べようにも入力の仕方がわからない。あきらめて食卓に置いていたら、母が「イノコリオチュカレサマ」と読んでくれた。母がハングルを読めるなんて思わなかったのに。灯台もと暗しだ。

○新型コロナウイルス感染症がただの風邪だと思っている、「アンチマスク派」という人たちがほんとうにいるらしい。ネットでただの風邪だと思っている人たちばかりとつながっているからだという。「類は友を呼ぶ」ということだ。アンチマスク派の男性が感染、重症化して、今はマスクの着用を呼びかけているとニュースで知った。

○先生の悪口で盛り上がっていたら、いつの間にか、いつも周りで誰かの悪口ばかり聞こえてくるようになってしまって気が重い。類は友を呼ぶ、だから気をつけなくてはいけない。これからは、先生のいい話で盛り上がるようにしよう。

④解説

「ネット社会では、同じ趣味や考え方をもつ人たちが集まりやすいので、かつての村社会のように外部の声に耳を貸さなくなってしまう」という趣旨の文章を、国語の問題でよく見かけます。

また、アメリカのトランプ元大統領支持者が支持者ばかりでつながってしまい、トランプ嫌いの人たちも同じ考えの人だけでつながってしまうので、国内の分断が深刻だというニュースも目にしました。

このテーマの文章には難解なものも多いのですが、「要は『類は友を呼ぶ』ということなのだ」と考えれば理解できます。

⑤解答例

○いつもケアレスミスで算数の１００点を取り逃がしていたが、間違え方を調べてみると、答えの転記ミスが多いことがわかった。その次からは、数字をていねいに書くことと、計算結果をマルで囲んでから解答用紙に写すようにしたので、１００点が取れるようになった。失敗は成功の母（もと）だ。

❻ 解答例

○ある美術大学の学生は、タンスの角によく指をぶつけて痛い思いをしていたので、小指を守るためのヘルメットを作ったら、ネットで話題になりニュースにも取り上げられた。性能はともかく、小指にヘルメットをつけていると注意するので、ぶつけなくなったらしい。失敗は成功の母（もと）だ。

○イタリアの学者が腰痛患者の痛みの感じ方を実験したところ、痛み止めの薬を飲んだ患者だけでなく、ウソの痛み止め薬を飲んだ患者でも、何も飲まなかった患者に比べて痛みがやわらぐことが多かったそうだ。まさに、病は気からだ。

○テスト当日に風邪で高熱が出たらどうしようと心配していたら、ほんとうに熱を出してしまった。心配のしすぎでストレスがかかって、免疫力が落ちてしまっていたらしい。まさに、病は気からだ。

❻ 解説

近年はストレスが脳に与える影響などの研究が進み、「病は気から」のメカニズムが科学的に解明されつつあります。もちろん、気の持ちようでなんとかできる部分には限界もありますが、決してただの精神論ととらえて軽視すべきではないですね。

❼ 解答例

○ ふだんほとんど口を開かず、目立たない太郎くんが外国人と英語でペラペラしゃべっているのを見たときは、ほんとうに驚いた。英語どころか日本語もろくにしゃべれないやつだとあなどっていたが、能ある鷹《たか》は爪を隠すということなのか。

○ 今日の体育はサッカーの試合。運動神経がよさそうでもないし、いつも本を読んでいてスポーツには興味がなさそうだった花子さんが相手だと油断していたら、簡単にボールを取られて点も入れられてしまった。能ある鷹は爪を隠すということなのか。実は、スポーツマンガが大好きで、自分でも練習していたということだ。

❼ 解説

最近は「能ある鷹は堂々と爪を出せ」という風潮もありますが、もともとは爪を隠すことが美徳とされていたことを忘れないようにしたいものです。

⑧ 解答例

○学校のテストはいつも100点で、自分は頭がいいほうだと思っていたが、大手進学塾の全国模試を受けてみたら、平均点にもぜんぜん届かなかった。今までの自分は井の中の蛙《かわず》だったのだ。

○市内の大会ではいつも優勝を争う実力があったのに、初めて出場した全国大会では一回戦からまったく歯が立たなかった。やはり年中寒い山奥の町だと、水泳のレベルは低いようだ。さしずめ自分は、井の中の蛙だったのだろう。

⑧ 解説

解答例のように、「井の中の蛙」と略して使われることが多いので、言葉を知らないと何のことかわかりにくいです。

今は、小学生でも簡単にネットから情報を得られるので、一昔前と比べて「井の中の蛙」はかなり少なくなっていると思いますが、少し古い物語文などではよく出てきます。

⑨ 解答例

○次郎くんは、気を抜いて遊んでいた翌日のテストでひどい成績を出したことがあるのに、何回かいい成績をとったら、またテスト前に余裕の表情で遊んでいる。のど元すぎれば熱さを忘れるということなのか。

○あの大臣は失言で国民から猛烈に批判されていたというのに、またとんでもない失言をした。のど元すぎれば熱さを忘れるということなのか、辞任に追い込まれるのは間違いないだろう。

⑩解答例

○ウイルスが心配なので、毎日何度もアルコール消毒をし続けていたら、手あれが進行してついに出血してきてしまった。過ぎたるはなお及ばざるがごとしだ。

○試合でよい結果を出したいからといって、あまり練習をしすぎてコンディションを崩すと、かえって結果を悪くしてしまう。過ぎたるはなお及ばざるがごとしだ。

⑩解説

「過ぎたる」は「時間が経過した」という意味ではなく、「やり過ぎた」という意味なので注意が必要です。私が中学生の頃、初めて大臣になったある政治家が過去に起こした事件への質問に対し、このことわざを「過去のこと」という意味に誤解して使って恥をさらすという出来事が話題になったことがありました。

アドバイス

この章のような勉強をもっとこなしたい人におすすめなのが、**『ふくしま式「本当の国語力」が身につく問題集』**（大和出版）です。ことわざだけでなく、さまざまな文の構造を使いこなす練習ができます。

難しいと感じる生徒が多い問題集ですが、この章がすらすら答えられるまで練習したあと、**『中学入試基礎ドリル』**（文英堂）などの「読むだけ、書くだけ」の参考書で語彙《い》力をつければ十分使えるでしょう。

もし、最初のことわざ自体が全然わからなかったようなら、一冊は語彙力養成用のテキストをやっておくべきだと思います。

例題2

A

次のことがらについて説明しなさい。

① 水はどういうところからどういうところへ流れるか、説明しなさい。

② 小腸にじゅう毛と呼ばれる突起が多数存在するのは何のためか、説明しなさい。

③ 埼玉県や千葉県でホウレンソウの栽培がさかんな理由を答えなさい。

④ 7世紀後半の日本で中央集権化が進んだ対外的な背景を説明しなさい。

⑤ 条約締結における内閣と国会の役割を説明しなさい。

B

Aで説明したのと同じ構造を持つできごとや現象には、ほかにどのようなものがありますか。それぞれ答えなさい。

A 解答例

① 高いところから低いところへと流れる。

② 表面積を大きくして、栄養分を効率よく吸収するため（効率を上げるには、同時に作業できる表面積を増やす）。

③ 大消費地の近くで作ることにより、輸送費を抑えた新鮮な野菜を出荷するため（もうけを出すには、コストを削る。あるいは、高く売る）。

④ 白村江《はくすきのえ》の戦いで敗れ、唐の脅威に対抗する必要があったから（中央集権化の背景に外圧あり）。

⑤ 内閣が外国と交渉して条約を結び、国会はそれを承認する（国会が頭で、内閣は手足）。

B 解答例・解説

○電気は、電圧の高いところから低いところへと流れる。直列つなぎは縦ではなく垂直に電池を立ててつないでいるイメージ。

○空気は、気圧の高いところから低いところへ流れる。したがって、南高北低の夏は南からの季節風で太平洋側の雨が多く、西高東低の冬は西からの季節風で日本海側の雪が多い。

❶解説

目に見えない電気の流れや空気の流れはイメージしにくいため、**難関私立だけでなく、公立中高一貫校でもよく出題されるテーマ**です。**「ものは高いところから低いところに流れる」**という基本の仕組みからの説明を練習しておきましょう。

❷解答例

○肺には「肺ほう」と呼ばれる小さな袋状の作りがあり、表面積を広くして効率よく酸素を吸収している。

○植物は、葉を互い違いにつけて日光のあたる面積を広くし、効率よく光合成をする。

植物の根には「根毛」と呼ばれる細い毛が多数あり、表面積を広くして効率よく水分を吸収している。

○繊《せん》維《い》を起毛させたフリース生地は表面積が広く、効率よく水分を蒸発させるので乾きやすい。

○粉状の調味料は、かたまり状の調味料と比べ表面積が広いので、効率よく水に溶ける。

❷ 解説

教科書的なことだけでなく、身近なものを素材にした問題もよく出されているメカニズムです。ちなみに、YouTubeで人気の「メントスコーラ」で激しい噴水が出る原因の一つにも、メントスが細かい穴だらけの構造で表面積が広いということがあります。

❸ 解答例

○工場を港の近くに作ることで、重い原料や製品の輸送費を抑える。

○日本国内向けの家電を、人件費の安い東南アジアで作って輸入することにより、コストを抑える。

❸解説

もうけを出すためには、コスト（原価）を下げるか、高く売るかしかありません。**高く売るパターンも記述の定番**なので、確実に押さえておきましょう。

たとえば、

・暖かい時期に収穫される野菜を、あまり出回らない冬に出荷することにより、高い値段で売る

・寒い時期に収穫される野菜を、あまり出回らない夏に出荷することにより、高い値段で売る

・品種改良を重ねて、おいしいお米としてブランド化し、高い値段で売る

などがあります。

❹解答例

○明治初期、不平等条約を結ばされた欧米列強の脅威に対抗する必要があった。

同時期にヨーロッパではドイツが国の統一を果たしていますが、その背景にはフランスの脅威がありました。統一の立役者となったビスマルクは、「フランスとの戦争がなければ、ドイツの統一はできないだろう」とまで言っていたそうです。

豊臣秀吉の太閤検地も、中央集権を進める性格の強い政策です。この背景にも、猛烈な勢いで植民地を拡大していたスペインの脅威や、大陸進出の野望があったという見方があります。実際に秀吉は、朝鮮出兵に踏み切っていましたね。

少し応用的な内容として、**戦争に備えたり実際に戦争に使ったりするための増税に、税金をかけられる側の民衆が抵抗する**ということも共通しています。

7世紀後半以降の税は、人（成人男子）に対してかけられたため、年齢や性別を偽ったり、その土地から逃げ出したりする農民が大勢出てきました。太閤検地には検地反対一揆、明治でも地租改正反対一揆が起きています。借金に加えて増税で戦費をまかなった日露戦争の後には、日比谷焼き討ち事件などの暴動も起きました。

⑤解答例

○内閣は法案を提出して、国会が法律として制定する（決める）。内閣が法律を執行する。

○内閣は予算案を作成し、国会が予算を決議する。内閣が予算を執行する。

⑤解説

国会（立法府）が決めて、内閣（行政府）が実行する――「国会が頭で、内閣は手足」というのが基本的なイメージです。

「執行《しっこう》」はやや難しい言葉ですが、「行う」という漢字から「実際に動く」という意味がわかるでしょう。基本的なイメージをないがしろにしてそれぞれの役割を丸暗記しようとすると、ややこしくて大変だと思います。

国会と内閣のイメージがつきにくい場合は、**それぞれの人員を考えてみれば簡単です。**国会議員は衆参両院を合わせても７００人程度に過ぎませんが、内閣の各大臣の下にはそれぞれ役所の公務員がいます。

公務員は国の仕事を行う国家公務員だけでも約58万人、地方公務員もあわせれば３００万人以上もいるので、法律の内容を実現するための細かい仕事ができるというわけです。

アドバイス

この例題のようなものの見方ができているなら、**社会だけでなく理科のかなりの分野について、どんなテキストを使っていても順調に得点力を伸ばしていける**と思います。

習っている分野でもAがぜんぜんわからなかったようなら、まずは次のページのような**基本問題を確実に解けるようにしておくことをおすすめします。**

◯形式別歴史最頻出記述問題

・「理由」が問われる問題

弥生時代に戦争が起こるようになったのはなぜか。
九州と関東の古墳から同じものが出るのはなぜか。
鎌倉に幕府を開いたのはなぜか。
何のために勘合《かんごう》が使われたのか。
ポーツマス条約に民衆が激怒したのはなぜか。

・「目的」が問われる問題

冠位十二階の目的とは。
大化の改新の目的とは。

墾田《こんでん》永年私財法の目的とは。

「鎖国」政策の目的とは。

地租改正の目的とは。

・「結果」が問われる問題

墾田永年私財法がもたらしたことは。

遣唐使の廃止がもたらしたことは。

元寇《げんこう》がもたらしたことは。

第一次世界大戦が日本にもたらしたことは。

朝鮮戦争が日本にもたらしたことは。

・「違い」が問われる問題

守護大名と戦国大名の違いは。

南蛮貿易と朱印船貿易の輸入品の違いは。

一揆と打ちこわしの違いは。

江戸の三大改革と田沼の政治の違いは。

藩知事と県令の違いは。

◯テーマ別理科最頻出記述問題

・「身近なこと（できごと）のメカニズム」が問われる問題

なぜ、かたまりより粉のほうが溶けやすいのか。

密封した容器に入れた食べ物を、電子レンジで加熱してはいけないのはなぜか。

寒い日に外に出ると、メガネがくもるのはなぜか。

缶飲料を冷凍庫で凍らせてはいけないのはなぜか。

記録的猛暑で列車の脱線事故が起きるのはなぜか。

赤ちゃんの唾液《だえき》の量が増えてくると、離乳食の合図と言われるのはなぜか。

晴れの日の最低気温が低いのはなぜか。
夏の本州に台風が上陸しにくいのはなぜか。
台風の進行方向に暴風域が広いのはなぜか。
震源が遠い大地震で、長い初期微動が観測されるのはなぜか。

・「実験方法」が問われる問題
→第一に、危険を避けること
第二に実験を正確に行うこと

太陽の観察に、かならずしゃ光板を使うのはなぜか。
けんび鏡は、まず低倍率のレンズで観察を始めるのはなぜか。
けんび鏡の使い方で、対物レンズをプレパラートに近づけておくのはなぜか。
水の温度の実験で、かき混ぜ棒が必要になるのはなぜか。
ふっとうさせる実験で、ふっとう石を入れるのはなぜか。
光合成の実験で、エタノールを湯せんする（お湯に入れて温める）のはなぜか。

電流計のマイナス端子を、まず最大の単位からつなぐのはなぜか。
ろ過の実験で、ろ紙をしめらせておくのはなぜか。
ろ過の実験で、ろうとの先をビーカーの壁につけるのはなぜか。
分銅をピンセットでつかむようにするのはなぜか。
ぬれた手で回路に触れてはいけないのはなぜか。
購入したメダカを川に放してはいけないのはなぜか。
大雨のとき、たとえ増水していなくても川に近づいてはいけないのはなぜか。

文系・基本

コラム

文系科目の実践的勉強法

いま、必要とされている勉強とは？

大学入試センター試験の後を受けて、２０２１年に始まった「大学入試共通テスト」では、従来型の知識問題の比率が高かった世界史や化学基礎といった科目でも、**資料を読み解いて答えるような問題が多くなりました。**

その一方で、求められる用語などの知識のレベルは下がってきているようです。しかし、だからといって、知識を軽視していいというわけではありません。

いま起きているのは、**求められる知識の質が変わっている**ということです。簡単にいえば、**「広く浅く」から「狭く深く」**への変化が起きています。

「○○を何といいますか」といった、用語を答えさせるような問題をたくさん覚えるよりも、基本的な用語について**「○○はなぜですか」「○○とはどういうことですか」といった問題にも答えられるようにする勉強が必要とされてきている**のです。

基本的な用語や概念について正確に説明する力をつけるには、やはり**説明問題を解けるようにする練習がもっとも有効**でしょう。そのやり方として、もっともやりやすいと思われるのが、**「初歩的な論述問題集」を解けるようにしていく**ことです。

ところが、中学入試向けで論述対策をうたっているような本は、最難関レベルの問題を中心に扱っているものばかりで、「初学者が勉強法を身につける」とか「苦手なので対策したい」というような目的では使いにくいのもまた事実。

そこで私がおすすめするのは、なんといっても『**わけがわかる中学社会**』『**わけがわかる中学理科**』（学研プラス）です。

一般的な公立校に通う中学生のレベルに合わせているので、細かい知識や高度な読解力が身についていない小学生でも使いこなせるからです。小学校配当漢字の読み書きができていれば十分でしょう。

もちろん、中学生の基本的な参考書だけでは、まったく知識量が足りません。

『わけがわかる』で、説明するというのがどういうことかがつかめたら、次は基本レベルの一問一答を使います。『**四科のまとめ（社会）**』（四谷大塚出版）の**「要点チェック」**や、『**中学入試一問一答完全版**』（学研プラス）といった「基本中の基本」とされるレベルで十分です。

答えを見て、問題文の内容を再現できるか

ただし、用語が答えられたらOK、というわけではありません。用語が答えられることを確認してからが本番です。

メインになるのは、**「答えを見て、問題文の内容を再現する練習」**です。

この練習では、**「藩閥政治とはどういう政治か」「マグニチュードとは何か」**といった問いに答えることになります。これらは、難しくない入試問題であれば答えそのものですし、難関校の応用問題に対しても考えるための前提となる知識です。

『一問一答完全版』の「出る」マークがついているものについては、中学受験をしない小学生でも、ぜひ問題を言えるようにしておいてほしいですね。それだけでも、高校入試の頻出問題のかなりの部分がカバーできるからです。

記述問題をほとんど勉強していないようだと、いきなり説明するのが難しい、内容はだいたいわかっていてもどう答えていいかわからない、ということがあるかもしれません。

その場合は、**「答えになる部分の音読を繰り返す」**ところからはじめます。

①問題を音読しながら、用語を答える。

②用語をスラスラ答える練習。

③最終的には、用語のみを見て問題文を再現する。

この流れは、実は中学の英語教科書を学習するときの流れによく似ています。まずは、①本文の音読、次に②単語の練習、最終的には③日本語訳のみを見て、もしくは何も見ずに本文を再現する、というものです。

従来は一貫校でしか使われていなかったのが、Z会などのレベルの高い教科書ですが、新課程ではふつうの公立校で使う教科書もそのレベルに近づきます。

英語の勉強をスムーズに進められるようにするためにも、この**用語を説明するような学習は小学生のうちからやっておくことをおすすめします。**

応用作法

音読する。そして、自分の言葉で説明する

文系分野の応用は、日常生活のありとあらゆる場面で行えます。**単なる名称の知識で終わらせず、「構造の理解」まで踏み込むことで、大学入試改革に対応した学力を伸ばすことができます。**

ポイントは、具体的な名前を複数出して、その共通点を探すこと。そして、別のグループとの相違点を探すこと。

これら自体は特に難しいことではないと思いますが、限られた試験時間の中で次々とこなしていくのはなかなか大変なこともあります。

文系・応用

そこで役に立つのが、**問題文によく出てくるテーマの知識や、そのテーマについて考えた経験**です。

ここではまず、**公立中高一貫校入試で特に頻出のテーマ**を示します。これから紹介するテーマについては、**自分の言葉で説明できる状態になっているのが理想です。**

イメージしやすくするため、それぞれ少々刺激的な内容も交えて紹介していきますので、最初は楽しんで音読させてみてください。

○食品《しょくひん》

「青森《あおもり》といえばりんご」といった程度《ていど》のイメージを早《はや》いうちから身《み》につけておくこともいいのですが、可能《かのう》であればもう少《すこ》し進《すす》めて、**青森《あおもり》以外《いがい》の産地《さんち》のりんごを見《み》つけ、青森《あおもり》との共通点《きょうつうてん》に気《き》がついておきたい**ところです。

それにより、「りんごの生産《せいさん》は寒《さむ》い地域《ちいき》でさかん」、同《おな》じように「みかんは暖《あたた》かい地域《ちいき》で生産《せいさん》がさかん」ということがわかります。

すると、都道府県別生産量《とどうふけんべつせいさんりょう》ランキングの上位《じょうい》を答《こた》えさせるような問題《もんだい》だけでなく、野菜《やさい》・果物《くだもの》の生産量《せいさんりょう》から九州《きゅうしゅう》の県《けん》なのか東北《とうほく》の県《けん》なのかを判断《はんだん》させるような応用問題《おうようもんだい》にも対応《たいおう》できるようになります。

これは**難関校《なんかんこう》で出題《しゅつだい》の多《おお》い、世界地理《せかいちり》でも同《おな》じことができます。**

たとえば、エビはベトナム産《さん》やインドネシア産《さん》、サーモンはチリ産《さん》やノルウェー産《さん》が多《おお》いですね。食品《しょくひん》の産地《さんち》をスーパーで見《み》るたびに、「この国《くに》はどんな国《くに》？」という知識《ちしき》を増《ふ》やすのもいいのですが、地図上《ちずじょう》でそれぞれの国《くに》の位置《いち》を確認《かくにん》して、

「島国《しまぐに》や半島《はんとう》など海岸線《かいがんせん》が長《なが》い国《くに》で漁業《ぎょぎょう》がさかんである」という共通点《きょうつうてん》を発見《はっけん》できると、国語《こくご》の力《ちから》も伸《の》びるでしょう。

牛肉《ぎゅうにく》は量《りょう》でいうと、アメリカやカナダ、オーストラリア産《さん》が多《おお》いです。国産《こくさん》はほとんどが少量生産《しょうりょうせいさん》の高級《こうきゅう》ブランド。世界地図《せかいちず》を見《み》れば、主要《しゅよう》な輸入先《ゆにゅうさき》はいずれもかなり広《ひろ》い国《くに》であることに気《き》づくでしょう。**大量《たいりょう》の牛肉《ぎゅうにく》を生産《せいさん》するには、広《ひろ》い土《と》地《ち》が必要《ひつよう》なのです。**

一方《いっぽう》、豚肉《ぶたにく》や鶏肉《けいにく》ではデンマークやタイが上位《じょうい》に入《はい》るなど、主要輸入先《しゅようゆにゅうさき》が必《かなら》ずしも広《ひろ》い国《くに》ばかりではありません。これは、**豚《ぶた》や鶏《にわとり》は狭《せま》いところで飼育《しいく》されるのが一《いっ》般的《ぱんてき》**だということが関係《かんけい》しています。

飼育方法《しいくほうほう》が動物愛護団体《どうぶつあいごだんたい》から批判《ひはん》されることも多《おお》く、ヨーロッパでは極端《きょくたん》に狭《せま》いオリで飼育《しいく》することが禁止《きんし》されていたりします。

○ゴミ

ゴミ問題《もんだい》も非常《ひじょう》によく出《で》るテーマです。**実際《じっさい》に複数《ふくすう》の処理方法《しょりほうほう》を比較検討《ひかくけんとう》するような問題《もんだい》も出題《しゅつだい》されており、**「正《ただ》しく分別《ぶんべつ》してリサイクルしましょう」程度《ていど》の知識《ちしき》に頼《たよ》っていると、かえって点数《てんすう》を落《お》とすことになりかねません。

ゴミの分別《ぶんべつ》の仕方《しかた》は、実《じつ》は地域《ちいき》によって結構《けっこう》な違《ちが》いがあるのですが、おおむね「細《こま》かく分別《ぶんべつ》してゴミ置《お》き場《ば》から収集《しゅうしゅう》する」ことが日本《にほん》では常識《じょうしき》となっています。家庭《かてい》から出《で》る段階《だんかい》で細《こま》かく分別《ぶんべつ》することで、リサイクル率《りつ》を高《たか》くすることができるのですが、この方式《ほうしき》には大《おお》きな欠点《けってん》もあります。**「回収《かいしゅう》にかかるコスト」**です。

コストといっても、お金《かね》だけの問題《もんだい》ではありません。収集《しゅうしゅう》のために多《おお》くのトラックが長《なが》い距離《きょり》を走《はし》り、二酸化炭素《にさんかたんそ》の排出量《はいしゅつりょう》も大《おお》きくなっていきます。

実《じつ》は、**日本《にほん》のゴミ処理方法《しょりほうほう》というのは、世界的《せかいてき》に見《み》るとかなりユニーク。**日本以《にほんい》外《がい》の先進国《せんしんこく》では、資源物《しげんぶつ》は収集《しゅうしゅう》するのではなく、各自《かくじ》がスーパーやリサイクルセンターに持《も》ち込《こ》む方式《ほうしき》が主流《しゅりゅう》なのです。

この方式《ほうしき》だと回収《かいしゅう》コストは下《さ》がりますが、持《も》ち込《こ》むことのメリットがないとリサイクル率《りつ》は下《さ》がるでしょう。この欠点《けってん》を補《おぎな》うために、ペットボトルなどは小《ちい》さくない金額《きんがく》を上乗《うわの》せして販売《はんばい》し、回収時《かいしゅうじ》にその金額《きんがく》を返《かえ》すという方法《ほうほう》が取《と》られます。これを**「デポジット制《せい》」**といいます。

また、**最終的《さいしゅうてき》な埋《う》め立《た》ての前《まえ》にほとんどのゴミを焼却《しょうきゃく》するというのも日本独特《にほんどくとく》**です。日本《にほん》はほかの先進国《せんしんこく》よりリサイクル率《りつ》が低《ひく》い、何《なん》でも燃《も》やしすぎだという見方《みかた》もできますが、燃《も》やした際《さい》に生《しょう》じるエネルギーによる発電量《はつでんりょう》は年々《ねんねん》増《ふ》え続《つづ》け、ゴミを燃料《ねんりょう》とした発電量《はつでんりょう》も軽視《けいし》できない大《おお》きさにまでなっています。

他国《たこく》ではなぜ、それほど「ゴミ発電《はつでん》」がさかんではないのか。その大《おお》きな理由《りゆう》は、ゴミを燃料《ねんりょう》として安定的《あんていてき》に発電《はつでん》できるような高性能《こうせいのう》の焼却炉《しょうきゃくろ》は、コストが大《おお》きいことでしょう。

プラスチックゴミの輸出入《ゆしゅつにゅう》が規制《きせい》され、さらにヨーロッパでは埋《う》め立《た》てが規制《きせい》されたこともあり、日本《にほん》のような「ゴミ発電《はつでん》」は世界的《せかいてき》に増《ふ》える傾向《けいこう》にあります。

単純《たんじゅん》に、「日本《にほん》は遅《おく》れている」とか、「日本《にほん》の技術《ぎじゅつ》は素晴《すば》らしい」などと漠然《ばくぜん》としたイメージで判断《はんだん》するのではなく、**さまざまな分別方法《ぶんべつほうほう》や処理方法《しょりほうほう》のメリットやデメリットを冷静《れいせい》に比較検討《ひかくけんとう》する姿勢《しせい》が大切《たいせつ》**です。

○エネルギー

エネルギーも、メリットとデメリットを整理《せいり》して考《かんが》えなければならない問題《もんだい》です。「二酸化炭素《にさんかたんそ》を排出《はいしゅつ》する火力発電《かりょくはつでん》はよくない」とか、「原子力発電《げんしりょくはつでん》は絶対《ぜったい》に廃止《はいし》すべき」とか、「太陽光発電《たいようこうはつでん》を増《ふ》やすべき」といった単純《たんじゅん》なイメージで問題《もんだい》を解《と》こうとしてもうまくいきません。

客観的《きゃっかんてき》な事実《じじつ》として、日本《にほん》では２０１１年《ねん》の東日本大震災《ひがしにほんだいしんさい》にともなう事故以降《じこいこう》、原発《げんぱつ》はほとんど稼働《かどう》していません。このため、**火力発電《かりょくはつでん》の割合《わりあい》や天然《てんねん》ガスの輸入量《ゆにゅうりょう》が急激《きゅうげき》に大《おお》きくなったことは、中学入試最頻出《ちゅうがくにゅうしさいひんしゅつ》レベルの知識《ちしき》**です。

また、電力《でんりょく》の固定価格買《こていかかくか》い取《と》り制度《せいど》の導入《どうにゅう》によって、太陽光発電《たいようこうはつでん》のシェアもしだいに大《おお》きくなっています。

一方《いっぽう》で、**急《きゅう》な原発停止《げんぱつていし》や太陽光発電量《たいようこうはつでんりょう》の増加《ぞうか》による問題《もんだい》も見聞《みき》きするようになってきました。**

２０１８年《ねん》、地震《じしん》で一部《いちぶ》の発電所《はつでんしょ》に被害《ひがい》が出《で》たのをきっかけに、北海道全域《ほっかいどうぜんいき》での停電《ていでん》が発生《はっせい》しています。新《あたら》しく建設中《けんせつちゅう》の大規模《だいきぼ》な発電所《はつでんしょ》が稼働《かどう》するまで、あと数年《すうねん》というタイミングでした。電力供給《でんりょくきょうきゅう》に余裕《よゆう》を持《も》たせておくことや、発電所《はつでんしょ》を分散《ぶんさん》させることの重要性《じゅうようせい》が明《あき》らかになったといえるでしょう。

２０２１年《ねん》に入《はい》ると、記録的《きろくてき》な寒波《かんぱ》の影響《えいきょう》で全国的《ぜんこくてき》に電力不足《でんりょくぶそく》の危機《きき》が起《お》きています。その一因《いちいん》は、**日照量《にっしょうりょう》に依存《いぞん》するという太陽光発電《たいようこうはつでん》の弱点《じゃくてん》**です。雪《ゆき》が降《ふ》って寒《さむ》いときには電力需要《でんりょくじゅよう》が高《たか》くなりますが、そのときに肝心《かんじん》の発電《はつでん》があまりできないのです。

そもそも、冬《ふゆ》は昼《ひる》の時間《じかん》が短《みじか》くなるため、太陽光《たいようこう》で発電可能《はつでんかのう》な上限《じょうげん》が下《さ》がります。今後《こんご》さらに太陽光発電《たいようこうはつでん》を増《ふ》やすのなら、その弱点《じゃくてん》を補《おぎな》う仕組《しく》みも必要《ひつよう》だと思《おも》います。

◯ユニバーサルデザイン

赤《あか》ちゃんや高齢者《こうれいしゃ》、病人《びょうにん》やけが人《にん》、あるいは日本語《にほんご》がわからない外国人《がいこくじん》も含《ふく》めて、どんな人《ひと》でも使《つか》いやすい製品《せいひん》や環境《かんきょう》のデザインを「ユニバーサルデザイン」といいます。

実際《じっさい》のデザインを写真《しゃしん》で見《み》て、どういう人《ひと》がどう使《つか》いやすいのかを答《こた》えさせる問《もん》題《だい》、ある製品《せいひん》を使《つか》いやすくするにはどんな工夫《くふう》が必要《ひつよう》かを考《かんが》えさせるような問題《もんだい》がよく出題《しゅつだい》されています。

また、**手話《しゅわ》や点字《てんじ》が小学校《しょうがっこう》の国語《こくご》で扱《あつか》われるようになっています。**それぞれ耳《みみ》が不自由《ふじゆう》な人《ひと》、目《め》が不自由《ふじゆう》な人《ひと》のコミュニケーション手段《しゅだん》としてよく知《し》られていますが、その存在《そんざい》を脅《おびや》かす現象《げんしょう》が起《お》こっています。

一《ひと》つは、ＡＩによる自動《じどう》字幕《じまく》作成《さくせい》技術《ぎじゅつ》や、自動《じどう》読《よ》み上《あ》げ技術《ぎじゅつ》の急激《きゅうげき》な進歩《しんぽ》です。

会話《かいわ》の内容《ないよう》がすべて自動的《じどうてき》に字幕《じまく》として出力《しゅつりょく》されるなら、耳《みみ》が不自由《ふじゆう》でも理解《りかい》は可《か》能《のう》ですし、視覚障害者《しかくしょうがいしゃ》の間《あいだ》ではオーディオブックの利用《りよう》が広《ひろ》がっています。

もう一《ひと》つは、再生医療《さいせいいりょう》や人工内耳《じんこうないじ》・人工網膜《じんこうもうまく》といった生体工学《せいたいこうがく》の進歩《しんぽ》です。これらの技術《ぎじゅつ》が再現《さいげん》するのはまだまだ不完全《ふかんぜん》な聴力《ちょうりょく》・視力《しりょく》ですが、性能《せいのう》は今後《こんご》も向上《こうじょう》していくでしょう。もしかすると、本来《ほんらい》の人間《にんげん》の能力《のうりょく》をしのぐようになってしまうかもしれません。

そうなれば、手話《しゅわ》や点字《てんじ》はなくなってしまっていいのでしょうか？　現在《げんざい》、手話《しゅわ》や点字《てんじ》を使《つか》っている人《ひと》たちからすれば、なくなってしまうのはとんでもない話《はなし》ですが、実際《じっさい》に不要論《ふようろん》も語《かた》られはじめています。

いまここで、手話《しゅわ》や点字《てんじ》のメリットをはっきりさせておく必要《ひつよう》があるのではないでしょうか。

手話《しゅわ》と字幕《じまく》を比較《ひかく》すると、音声《おんせい》なしで表現内容《ひょうげんないよう》を伝《つた》えるという点《てん》では共通《きょうつう》していますが、かなりわかりやすい手話《しゅわ》のメリットが見《み》えてくるでしょう。字幕《じまく》を表示《ひょうじ》するには何《なん》らかのデバイス（装置《そうち》）が必要《ひつよう》ですが、手話《しゅわ》には一切《いっさい》の道具《どうぐ》が必要《ひつよう》ないということです。

また、点字《てんじ》と読《よ》み上《あ》げだと、情報《じょうほう》を伝《つた》えるという点《てん》では共通《きょうつう》しているものの、その形《かたち》はまったく異《こと》なります。点字《てんじ》は字《じ》であるのに対《たい》し、読《よ》み上《あ》げは音声情報《おんせいじょうほう》です。英語学習《えいごがくしゅう》で重視《じゅうし》されることになる4技能《ぎのう》のうち、字《じ》は「読《よ》み・書《か》き」、音声《おんせい》は「聞《き》く、話《はな》す」に使《つか》われます。

つまり、目《め》が不自由《ふじゆう》な人《ひと》は点字《てんじ》を学《まな》ぶことで、「読《よ》み・書《か》き」という重要《じゅうよう》な技能《ぎのう》を身《み》につけることができるわけです。

この内容《ないよう》はイメージするのが難《むずか》しいかもしれませんが、**難関中学《なんかんちゅうがく》では実際《じっさい》に文《ぶん》章《しょう》のテーマとして出題《しゅつだい》されています。**

主要中学《しゅようちゅうがく》の入試問題《にゅうしもんだい》は、**四谷大塚《よつやおおつか》の「過去問《かこもん》データベース」***で誰《だれ》でも見《み》ることができますので、興味《きょうみ》がある方《かた》は２０１８年筑波大附属駒場中学《ねんつくばだいふぞくこまばちゅうがく》の国語《こくご》の問題《もんだい》を探《さが》してみてください。

* https://www.yotsuyaotsuka.com/sp/chugaku_kakomon/#bmb=1

○旅行《りょこう》・観光《かんこう》

公立一貫校《こうりついっかんこう》の適性検査《てきせいけんさ》では、**複数《ふくすう》の時刻表《じこくひょう》や料金表《りょうきんひょう》を見《み》せて、所要時間《しょようじかん》や交通費《こうつうひ》の総額《そうがく》を計算《けいさん》させる問題《もんだい》がよく出《で》ています。**

落《お》ち着《つ》いて一《ひと》つずつ見《み》ていけば誰《だれ》でも解《と》ける問題《もんだい》だと思《おも》いますが、その区間《くかん》は特急《とっきゅう》なのか普通《ふつう》なのか、表示《ひょうじ》されている料金《りょうきん》は片道《かたみち》なのか往復《おうふく》なのかなど、気《き》をつけなければならないポイントも多《おお》いので、入試《にゅうし》では適度《てきど》に差《さ》がついているようです。

ふだん、一瞬《いっしゅん》で経路《けいろ》や料金《りょうきん》を教《おし》えてくれるアプリに頼《たよ》ることに慣《な》れていると、大人《おとな》でもミスをしやすいかもしれません。対策《たいさく》は言《い》うまでもなく、**ふだんから公共《こうきょう》交通機関《こうつうきかん》の時刻表《じこくひょう》や料金表《りょうきんひょう》を確認《かくにん》する**ことでしょう。

また**観光地側《かんこうちがわ》の立場《たちば》で、どうすれば観光客《かんこうきゃく》にもっと楽《たの》しんでもらえるかを考《かんが》えさせるような問題《もんだい》もよく出《で》ています。**

地元《じもと》の観光資源《かんこうしげん》をテーマにした問題《もんだい》も多《おお》いのですが、実際問題《じっさいもんだい》として、観光客《かんこうきゃく》の多《おお》くが外国人《がいこくじん》か高齢者《こうれいしゃ》であるという地域《ちいき》も少《すく》なくないので、前述《ぜんじゅつ》した「ユニバーサ

ルデザイン」の視点《してん》からもよく問《と》われます。

今《いま》の難関校《なんかんこう》の入試《にゅうし》では、「これは便利《べんり》だ」というだけでなく、**「こうすればもっと便利《べんり》になるのに」というところまで考《かんが》えられる子《こ》が有利《ゆうり》になっている**でしょう。そういった考《かんが》え方《かた》は、決《けっ》してゼロから生《う》み出《だ》されるわけではなく、多《おお》くは知識《ちしき》や経験《けいけん》からの類推《るいすい》によってなされます。

「あまり歩《ある》かなくてもすむようにする」とか「外国語《がいこくご》でも案内《あんない》する」ということはすぐに考《かんが》えつくと思《おも》いますが、さらに**「どうすれば観光客《かんこうきゃく》にあまり歩《ある》かせずに楽《たの》しんでもらうことができるのか」「どういう場面《ばめん》で外国語《がいこくご》の案内《あんない》があれば便利《べんり》か」**など、具体的《ぐたいてき》なところまで記述《きじゅつ》できるようにしたいですね。

今《いま》は特別《とくべつ》な観光地《かんこうち》だけではなく、地方《ちほう》の路線《ろせん》バスでもバリアフリー化《か》が進《すす》んでいたりします。やはりふだんから、**「この工夫《くふう》は誰《だれ》にとって、どういう役《やく》に立《た》っているのだろう」といった視点《してん》で、身《み》の回《まわ》りのさまざまな事象《じしょう》をとらえていくことが対《たい》策《さく》になる**と思《おも》います。

コラム

音読しながら、語彙《い》力をつける

文系科目の最後に、「文章を読みながら語彙力をつける方法」をご紹介します。

このとき、**誰かに説明したくなるような、できるだけ興味が持てる文章を選ぶのがコツ**です。ここでは、「鬼滅の刃《やいば》」に続き「呪術廻戦《じゅじゅつかいせん》」がヒットしている「少年ジャンプ」の戦略を解説した「東洋経済オンライン」の記事（https://toyokeizai.net/articles/-/351056）を例にします。

❶まず、読み方を把握する

記事のURLをコピーして**「ひらがなめがね」**（https://www.hiragana.jp/）というサイトに打ち込むと、漢字にかなり正確なルビをふってくれます。

そのほか、**「テキスト読み上げリーダー」**（https://www.textfromtospeech.com/ja/text-to-voice/）というサイトに文章ごとコピーするなどの手段で読み上げてもらうことも可能です。

○英単語の読み方

- Tencent Comics　テンセントコミックス（腾讯动漫）
- digital frontier　デジタルフロンティーア

❷読み方が把握できたら、最初から音読しつつ、わからない言葉の意味を調べる

この記事の文章のなかで調べる人が多そうな言葉を、ページごとにリストアップしておきます。

1ページ

コンテンツ……内容、中身。

要請《ようせい》……お願い。

物流《ぶつりゅう》……品物や材料などを運ぶこと。

累計《るいけい》……今までのすべての合計。

◯◯の雄《ゆう》……◯◯の中で特にすぐれているもの。

知的財産権《ちてきざいさんけん》……考えてつくりだしたものから利益を得る権利。

推計《すいけい》……およその計算。

知名度《ちめいど》……名前をどのくらい知られているかの度合い。

2ページ

市場　◯（しじょう）×（いちば）……「いちば」は物を売り買いする実際の場所。「しじょう」は、場所や時間に関係なく売り買いされること自体を指す。

大盤振《おおばんぶ》る舞《ま》い……気前よくばらまくこと。

殺到《さっとう》……ものすごい勢いで集まってくること。

海賊版《かいぞくばん》……違法にもうけるため、勝手にコピーされたマンガなどの作品。

流通《りゅうつう》……作った人から使う人に届けること。

沈静化《ちんせいか》……おさまってくること。

悪循環《あくじゅんかん》……悪いことが輪のようにつながって起こり続けること。

3ページ

媒体《ばいたい》……情報を伝えるための場所や手段のこと。

世界標準《せかいひょうじゅん》……世界でもっともよく使われる形式や方法。

4ページ

牽引《けんいん》……中心になって引っ張ること。

業績《ぎょうせき》……どれくらいもうかったかという会社の成績。

不可避《ふかひ》……さけられないこと。

成否《せいひ》……成功するか失敗するか。

派生《はせい》する……一つのところから新たに生まれる。

相乗効果《そうじょうこうか》……お互いによい効果を与え合うこと。

版権収入《はんけんしゅうにゅう》……作品やキャラクターを使用する権利による収入。

プラットフォーム……たくさんのニュースやゲーム、マンガなどを配信するシステムやアプリのこと。

❸ あとは、繰り返し音読して、理解した内容を誰かに話すだけ

私の授業では、以下のような**「英検ライティング型」**の問題を出して、内容の理解を確認しています。ご参考までに紹介しておきます。

◯英検ライティング型問題（例）

①「ジャンプ」の海外での強さについて、2つ以上の例をあげて説明してください。

ジャンプから生まれた作品の中には、海外でも高い人気をほこるものがあります。
たとえば、「　　　　　　　　　　　　」
また「　　　　　　　　　　　　」です。

② 集英社《しゅうえいしゃ》の世界展開の戦略を、2つ以上の理由をあげて説明してください。

集英社は、マンガの世界展開のため、大盤振る舞いと言える配信サービスを始めた。
その理由は、まず「　　　　　　　　　　　　」から。
もう一つ、「　　　　　　　　　　　　」という理由もある。

「こんなやり方は面倒でとても無理」、あるいは「そもそもこんな文章はまだ無理」という人におすすめなのが、ＮＨＫの**「やさしい日本語で書いたニュース」**（https://www3.nhk.

文系・応用

or.jp/news/easy/）です。

読み方や意味を調べたりする手間はほとんどなしに、すぐに音読に入ることができます。

ほかにも、**ポプラキミノベル版の『坊っちゃん』**のように、難しい言葉に注釈がついた本も実戦的でいいと思います。実際の国語入試問題でも、多数の語注がついた文章を読ませる問題がよく出ているからです。

たとえば、２０２１年の麻布中では23個、２０２０年のセンター試験第二問では20個、２０２１年の東大文科第３問（古文）では14個の注がついています。

こういった語注が、本文全体の理解や設問への解答に大きくかかわることもあります。その場合、**注をしっかり確認する受験生と、注つきの語句をなんとなく読み飛ばしてしまう受験生とでは、結構な点差がついてしまう**でしょう。

難しめの言葉の意味を確認しながら読む練習のための問題集としては、意味を確認すべき言葉がハイライトされている**『なぞ解きストーリードリル』シリーズ**（ナツメ社）がおすすめです。

第3章以降は巻末から始まります。

「mikan英単語 中学英単語」（アプリ）
いきなり本格的に古文をやる学校の場合：『こわくない国語
古文・漢文』

難関レベルまで受験算数を勉強したなら、必ず数学には慣れておくべきです。中1程度の数学なら、たいていは数学を使わず算数でも解けてしまうでしょうが、そうするとその後の数学についていけなくなってしまう可能性が高いからです。

英語も難関校では宿題が多く、準備なしだとついていくのが大変でしょう。最低限、基本単語の発音と意味が結びつくようにはなっているべきだと思います。自動的に発音してくれるアプリが非常に便利です。

国語はそれほど心配しなくていいと思いますが、いきなり本格的な古文を扱うようなカリキュラムだと、英語同様、ついていくのが大変になりますので、慣れだけはある程度つくっておくことをおすすめします。

集から類題も探して演習しておくようにしたいところです。

《6年生》

□目標となる模試・検定など
　志望校専用の模試
□導入
『男女御三家・難関校 中学入試国語を読み解く』
□定着
『コアプラス』『必勝手筋』『四科のまとめ 国語』
□応用
『中学受験新演習』もしくはZ会　受験予定校の過去問

　模試や過去問で「できるはずなのに正答できなかった問題」「正答率が比較的高いのにできなかった問題」については、類題も含めて徹底的に復習しましょう。
　また、時間配分で失敗するようなら、そちらもメモしておいて次回の演習前に見直し、同じミスを繰り返さないようにすることが大切です。

《受験後・中学入学前》

『くもんの中学数学　関数・資料の活用』
『スタートダッシュ中学数学』（東京出版）

□導入

『中学入試基礎ドリ』理科・社会の4冊　『合格する地理の授業』2冊

□辞書本

『やさしい中学国語』『？に答える小学算数』

□定着

『中学受験新演習』もしくはZ会など

□応用

埼玉大学附属中学の過去問

《5年生》

□目標となる模試・検定など

「SAPIXオープン」など難関対応型の模試

□導入

『合格する歴史の授業』2冊　『合格する算数の授業』2冊

□定着

『中学受験新演習』もしくはZ会など　『漢字の要』『コアプラス』

□応用

模試を多く受ける

模試を受けたあとに、できなかった問題は徹底的に復習し、さらにメインテキストや『合格トレイン』のような問題習シリーズ』が有名ですが、これは名前のとおりイメージをつかむ予習目的に強みのあるテキストです。

最近の改訂でカリキュラムがきつくなっているうえに、解説動画「予習ナビ」のみの受講ができなくなったようなので、休校や補講に合わせるような進度の融通はききにくいです。テストまで含めて指定の期日どおりにきっちりこなすことができれば効果は高いでしょうが、周囲の状況がそれを許すかどうかの検討が必要でしょう。

それよりは、栄光ゼミナールの『**中学受験新演習**』のほうが使いやすいケースが多いと思います。休校中に好きな分野を先取りする、基本の例題からよくわからないような分野のみ「スタディサプリ」の動画で補強するなど、個別の状況に合わせた対応がやりやすいからです。

同様に、Z会をメインにして復習が間に合いそうな範囲で各種模試を受けたり、早い時期から問題が易しい学校の過去問を時間どおりに解いてみたりするのもいいでしょう。

《4年生》

□目標となる模試・検定など

四谷大塚志望校判定テスト、日能研全国公開模試など一般型の模試

付録

《5年　過去問》

【科目色薄い型・一般型】長野の過去問
【科目色濃い型】青森の過去問

《6年　過去問》

【科目色薄い型】横浜市の過去問
【一般型】都立富士中学の過去問
【科目色濃い型】大阪の過去問

このあと中1時点で目標になりそうなのが、「全国統一中学生テスト」の全学年統一部門です。難関私立校入試対応のテストですが、上位に豪華賞品が出るとあって、有名一貫校の生徒も受験しています。

●『中学受験新演習』かZ会などをベースにした難関私立中学受験

コロナ禍をきっかけに、Z会以外にもオンラインコースを設置する塾が多くなっていますので、それらを利用する場合の補助メニューを紹介します。

なお、私立受験のメインテキストとしては四谷大塚の『予

『実力メキメキ合格ノート』理科1分野（化学範囲）、地理
『キクタンリーディングEntry2000』『速読英単語 中学版』
『こわくない国語　古文・漢文』
□定着
『U-CANの数学検定3級 ステップアップ問題集』『解き方が身につく問題集 高校入試数学』
『四科のまとめ 国語』『基礎から学べる文章力ステップ　文章検4級対応』
『速ワザ算数』「mikan速単」（アプリ）
□応用
『受験国語の読解テクニック』『同 実戦問題集』
『魔法ワザ　図形』『魔法ワザ　理科表とグラフ』
好きな曲の英語バージョン2～3曲　『21マスで基礎が身につく英語ドリル タテ×ヨコ 高校入門編』『高校入試一問一答』
受験校の過去問、埼玉大学附属中学の過去問　『TOEIC Bridge 公式ガイドブック』

公立中高一貫受検の場合は、受検予定校以外に以下の過去問で演習します。

業編』『中学校の地理が1冊でしっかりわかる本』『中学校の公民が1冊でしっかりわかる本』

『英語教科書ガイド』（スラッシュ、カタカナつきのもの）3冊

※『合格する歴史の授業』2冊　『合格する地理の授業　47都道府県編』（中堅私立併願の場合）

□定着

『本当の語彙《い》力が身につく問題集』『高校入試スタートアップ 受験漢字1900』

『U-CANの数学検定5級 ステップアップ問題集』『U-CANの数学検定4級 ステップアップ問題集』

『中学入試一問一答 完全版』（逆読み）

簡単な英語の曲2〜3曲　『短文で覚える英単語1900』

□応用

『「本当の国語力」が身につく問題集』

『グラフ問題特別ゼミ』『算数ラボ6級』『算数・数学ラボ5級』

《6年生》

□目標となる模試・検定など

文章力検定4級、数検3級、TOEIC Bridge、TOEFL primary

公立高校入試過去問

□導入

『ひとつずつすこしずつホントにわかる中3数学』

□定着

『高校入試出る順中学漢字スタートアップ　基本漢字1400』

『満点力ドリル小4　小5』

『全科の復習テスト小4』『書いてみるみる身につく！ 10才までに覚えることば1200ドリル』

※『？に答える小学算数』（中堅私立併願の場合）

□応用

『Z会 思考力ひろがるワーク　標準編』2冊

《5年生》

□目標の模試・資格

公立中高一貫校模試、附属中模試、思考力検定5級、数検4級、漢検3級、JET（ジュニアイングリッシュテスト）

□導入

『中学入試基礎ドリ』国語2冊、算数計算　「朝日新聞アルキキ」（アプリ）

『中学入試国語の読解力をぐんと伸ばす 説明文編』『素因数パズル』

『わけがわかる中学社会』『わけがわかる中学理科』

『くもんの中学数学関数』『陰山の図形プリント』『ひとりで学べる数学楽らく表』

『わからないをわかるにかえる中学地理』『わからないをわかるにかえる中学公民』『合格する地理の授業　日本の産

れだけの勉強ができる、という内容を示しています。私が娘にやらせた（かったが一部はできなかった）内容です。

《4年生》

□目標の模試・資格

日能研全国テスト、算数検定6級、地元の附属中模試、漢検4級

□辞書本

『やさしい中学国語』『？に答える小学算数』

□導入

『なぞ解きストーリードリル小学国語』『なぞ解きストーリードリル小学理科』

『中学受験物語ですらすら頭に入るよく出る漢字720』『マンガでわかる中学理科・社会』シリーズ

『小学基本トレーニング』シリーズ　4年上～6年下　『中学の数学・方程式が超わかる本』『中学数学の文章題 驚異のサザンクロス方式』

『分野別学習ノート』社会3冊、理科4冊　『陰山プリント』5年生、6年生

『小学生が一番覚えやすい英単語500』『意味順だからできる！ 小学生のための英文法ドリル1　2』「あいうえおフォニックス」

ぶマンガとクイズで楽しく学ぶ！世界の国』
『小学生のための英語練習帳1』「やさしい日本語で書いたニュース」
□定着
『スタートアップ漢字』5年生、6年生
『満点力ドリル 3年』『全科の復習テスト 3年』

このほか、社会の副教材（「わたしたちの○○」など）は音読の素材としてよく読み込んでおくこと。公立中高一貫校を中心に、入試でよく出る地元関連のテーマに強くなるし、「身近なものごとから学ぶ」スキルも育ちます。

※ 難関私立受験に向けて進学塾に通う予定なら、『スタートダッシュ 算数』『スタートダッシュ 国語』で準備。

□応用
『Z会 思考力ひろがるワーク　基礎編』2冊
『小学4年生までに身につけたい和差の思考センス』『どっかい算』

●地方国立附属校・公立中高一貫校受験と中学内容

「中学受験はしない、しても教科書＋αのレベル」という場合は、難関私立型の勉強をするより、かなり少ない負担でこ

□定着

『スタートアップ漢字』3年生、4年生　『満点力ドリル 2年』

□応用

『ロジカルキッズワーク 基礎編』『Z会思考力ひろがるワーク 入門編』

ことわざ、慣用句に限らず、いろいろな文章によく出てくることばに触れていきます。また、読むだけでなく、書くことにも力を入れはじめます。

理科・社会のマンガが理解できる程度の国語力を目標にします。これが非常に重要です。子どもが好きな動画やゲームなども含め、日常のあらゆる部分から知識を吸収できるようになっていくからです。

《3年生》

□目標の模試

日能研全国テスト、漢検5級

□導入

『いっきに極める 慣用句・ことわざ』『いっきに極める 漢字4～6年　熟語4～6年』『漢字プリント』最後まで

『ひとりで学べる算数 3年生』『空想科学学園』シリーズ4冊

『るるぶ マンガとクイズで楽しく学ぶ！47都道府県』『るる

『小学生のまんがことわざ辞典』『小学生のまんが慣用句辞典』

□定着

『スタートアップかん字』1年生、2年生　『満点力ドリル1年』

□応用

『ロジカルキッズワーク 入門編』

まずは、語彙《い》力をつけること。また、読解力をつけるための布石として、早いうちからことわざ、慣用句に多く触れておきます。

《2年生》

□目標の模試・資格

日能研全国テスト、漢検7級

□導入

『たったこれだけプリント　2年生』

『マンガでわかる10才までに覚えたい言葉1000』『陰山メソッド漢字プリント』4年生まで、できれば読みは6年生まで

『小学4年生までに覚えたい説明文の基本フレーズ400』『小学4年生までに覚えたい物語文の基本フレーズ400』

『ひとりで学べる算数2年生』『エコのとびら』

2

自宅学習用
モデルカリキュラム

ここでは、私がおすすめする、学年別・難易度別のモデルカリキュラムをご紹介します。

自宅学習をする際、目標となる模試・資格、導入期・定着期・応用別によいペースメーカーとなる参考書・問題集をあげていくので、ぜひ参考にしてみてください。

●低学年

《1年生》

□目標の模試・資格

漢検9級

□導入

『たったこれだけプリント　1年生』『いっきに極める　漢字1～3年　熟語1～3年』

○テーマ別に過去問集を販売しているネットショップ

□**自宅でできる受験対策ショップ「ワカルー！」**（https://lovestudy.thebase.in/）

特に公立中高一貫校の問題について、単元別のほか「ユニバーサルデザイン」「ロボット・プログラミング」「時刻表」といった頻出テーマごとにまとめた問題集も売っているのが特徴。

□**「今解き教室」**（https://imatoki.asahi.com/）

公式サイトでは年間購読しか扱っていないようですが、実はAmazonでKindle版がバラ売りされています。これなら苦手なテーマの文章に絞って練習することができるので、国語や社会の問題で極端に得点率が落ちたときの補強に使えるでしょう。

□**「子供の科学」**（誠文堂新光社）

こちらも基本は月刊誌なのですが、ネットでは興味を持ったテーマを扱っているもの、あるいは苦手意識があるテーマを扱っているものを選んで購入することができるので、テーマ別に集中して学ぶことが可能です。

理科は分野によって性格が異なり、得手・不得手がはっきりしやすいので、手がつけられないような分野があった場合、その分野・形式に絞って練習するのがおすすめです。『筑駒・開成中理科合格問題集』は、その名のとおり東京のトップ校、『合格トレイン』シリーズは西日本の学校の入試問題を集めているので、使い方によっては使用予定の過去問を避けての学習が可能です。

《テーマ別の演習》

模試や過去問の演習で課題が見つかったタイプの問題を集中的に練習するには、多くの問題を分野別に並べた問題集が便利。前述の『合格トレイン』シリーズもその一例ですね。

この段階の学習では、無料のネット問題集や電子書籍でも便利なものがあるので紹介しておきましょう。

○無料の問題集

□**「すぐるゼミ」**（http://www.suguru.jp/www.monjirou.net/）

各科目・分野の典型的な問題に親切な解答をつけた教材を無料で公開してくれています。テーマの分類がわりと細かいので、早い時期から模試でできなかった問題の類題を解く目的で使うのに便利です。

《算数》

□**『合格する算数の授業 図形編』『同 数の性質編』**（実務教育出版）

こちらも身近な出来事などの会話から入っているなど、一見取っつきやすそうにも見えるのですが、問題、解説の知識ともかなりレベルが高くなっています。典型問題をひととおり習得して、これから難問にも取り組もうという段階の難関校志望者に最適だと思います。

《社会》

□**『合格する歴史の授業』シリーズ**
□**『合格する地理の授業』シリーズ**（以上、実務教育出版）

「なぜそうなるのか」という理屈をわかりやすく説明する講義本。応用の方を重視してはいるのですが、それでも難関私立以外の志望者には細かすぎる知識が相当量収録されています。基本をひととおり学習した難関志望者は、ぜひ読むべきでしょう。

《理科》

□**『合格トレイン 理科』シリーズ**（英俊社）
□**『筑駒・開成中理科合格問題集』**（クロノクリエイト）

付録

●【参考】難関私立レベル

難関私立の場合は、入試改革以前から思考力重視の出題をする学校が多いので、必然的に進学塾のカリキュラムにも組み込まれているはずです。核となる知識が確実に身についていることを前提に、志望校別の過去問や模試、傾向が近い学校の過去問をこなすことになるでしょう。

難問型の学校の場合、過去問をいきなり解こうとしてもまったく手がつけられなかったり、解説が理解できなかったりすることがあるので、解説がくわしい以下の講義本や問題集を先にやっておくほうがいいかもしれません。

《国語》

□**『ふくしま式で最難関突破！ 男女御三家・難関校 中学入試国語を読み解く』**（日本能率協会マネジメントセンター）

最近の難関校の問題を題材に、各設問の解き方をくわしく、かつわかりやすく説明している講義本。「わかりやすく」とはいっても難関校の問題ばかりなので、そのレベルの文章をあまり抵抗なく読める程度の語彙《い》力・読解力が前提となります。

作文や公立中高一貫型の模試で、主語・述語のねじれなど、文法的に不正確な文を平気で書いてしまっているようなら、この問題集で集中的に練習すべきです。

□**『公立中高一貫校適性検査対策問題集 総合編』『同 生活と科学編』**（東京学参）

ひととおりの分野を学習して、さらに演習を積むための過去問集です。

《難関公立中高一貫対策レベル》

□**『Z会グレードアップ問題集 小学6年 算数 文章題』**（Z会）

□**『公立中高一貫校 適性検査対策問題集 数と図形編』『同 資料問題編』『同 作文問題編』**（東京学参）

首都圏の一貫校、もしくは公立の地方トップ校が一貫化したり、一貫校がトップ校に取って代わったりした場合にのみ必要になりそうな、公立でも難しい問題を多く含んでいます。

ただ、このレベルまで学習するなら、科目別の傾向が強ければ塾用教材『アインストーン』シリーズ（好学出版）や『公中受検新演習』シリーズ（日本教材出版）、首都圏の公立中高一貫校受検では最大手の「ena」がつくっている『パースペクティブ』といった専用教材のほうが効率よく学習できると思います。

国際算数数学能力検定協会）

□**『Z会小学生のための思考力ひろがるワーク 標準編』シリーズ**（Z会）

□**『Z会グレードアップ問題集 小学4年 算数 文章題 改訂版』『同 小学5年 算数 文章題 改訂版』**（Z会）

それぞれ、低学年向けで紹介したものの続編になります。ここまでやっておけば、難関ではない公立中高一貫校の過去問は十分扱えますし、公立中高一貫校向けの模試を使って学習を進めることもできるでしょう。

□**『グラフ問題特別ゼミ 公立中高一貫校対策―24日間で完成！』**（朝日学生新聞社）

□**『でる順グラフ問題 公立中高一貫校対策』**（朝日新聞出版）

頻出のグラフ問題に対して、一般的な知識の整理と同時に、答案の書き方が学習できる問題集。

模試を受けてみて書き方がぜんぜん駄目だったりしたら、この本の解答を繰り返し読んだり、その後に見ないで書いたりする練習をしておくとよいでしょう。

□**『ふくしま式「本当の国語力」が身につく問題集［一文力編］』**（大和出版）

問題が易しい地方の公立中高一貫校では、正しく日本語を書けているかどうかで決定的な差がついてしまう可能性があります。

フォローが必要になってきそうです。

□**『ロジカルキッズワーク 入門編』『同 基礎編』**（学研プラス）

科目の枠にとらわれない、さらに表現力も重視しているなど、Z会のものよりもさらに入試改革を意識したような問題集。「低学年向け」とはなっていますが、結構難しい問題も含まれるので、そこまで学年にこだわる必要はないと思います。

□**『天才ドリル 文章題が正しく読めるようになる どっかい算』**（ディスカヴァー）

長めの文章を読んで、聞かれていることに必要な情報を読み取り、計算をして答えを出すという形式の問題集。一般的な算数の問題と違い、答えを出すのに関係ない数字が出ているのが特徴で、大学入試改革の方向によく合っています。「聞かれたことに答える」というのは記述問題対策の基本にもなるので、得点力を上げる効果は高そうです。以前から、『どっかい算』の問題集は高く評価されていましたが、解説がないのが弱点でした。『天才ドリル』版ではその弱点も解消されています。

《一般の公立中高一貫対策レベル》

□**『算数ラボ 考える力のトレーニング7級』〜『同 5級』**（iML

●思考力を伸ばす問題集・分野別の演習

《低学年から》

□**『算数ラボ 考える力のトレーニング10級』〜『同８級』**（iML国際算数数学能力検定協会）

単純な知識や計算問題ではなく、その場で考える問題に特化した「思考力検定」の問題集。学校によりますが、公立中高一貫校の理系分野問題に似た傾向の問題が多くなっています。

□**『Z会グレードアップ問題集小学１年算数 文章題』〜『同３年算数 文章題』**（Z会）

こちらの問題集にも、難関私立ではなく公立中高一貫校を意識したような問題が並んでいます。質・量ともに無理のないレベルに抑えられているので、目標設定がしやすいでしょう。

□**『Z会 小学生のための思考力ひろがるワーク 入門編』『同基礎編』**（Z会）

『グレードアップ問題集』とは違って、科目の枠にとらわれないという意味で、さらに公立中高一貫校に近い傾向の問題集です。一部、対象学年にしては難しいのではないかという知識を前提とした問題も含まれるので、知識面での保護者の難関志望でも難しめの熟語になると手も足も出ないようなら、無理に知識を増やそうとするより、こちらで作法を身につけるほうが有効かもしれません。

□**『四科のまとめ　国語』**（四谷大塚出版）

漢字だけでなく、文法・語句など国語の知識問題をひたすら並べた後半部分がメイン。

○難関レベル

□**『漢字の要』シリーズ**（代々木ライブラリー）

早慶附属校など、知識重視の難関校で出題される難問までしっかりカバーする圧巻の網羅性で支持を集めるテキスト。「STEP1」だけでもマスターできれば、相当の語彙《い》力が身についていることになりますので、難関志望ならある程度優先してこなしたいもの。

難関志望でなくとも、中学入学以降のことを考えれば学習しておくほうがいいでしょうが、入試だけを考えれば無理にこなす必要はない学校も多そうです。

コンセプトは、難関志望者向け受験数学のベストセラー『1対1対応の演習』(東京出版)に似ていますが、くわしい解説と実戦的な解答目標時間がついており、使いやすさの点では『1対1』よりはるかに優れているでしょう。

□**『中学受験 すらすら解ける魔法ワザ 算数・図形問題』**(実務教育出版)

いわゆる受験テクニックと、それが成り立つ理由を完全に分けているレイアウトが、説明の練習に便利。地方の附属校や公立中高一貫校が目標なら、理由の説明と基本問題で効率よく必要な学力がつけられます。

難関私立志望でも、実戦問題まで仕上げれば核としては十分な知識量。さらに解法知識を増やすなら、64ページの『必勝手筋』を覚えるとよいでしょう。

《国語》

○標準レベル

□**『6パターンで覚える入試の漢字』**(文英堂)

本編の全問に意味が併記してあり、漢字、語句の知識に加えて「意味を考えて漢字を当てる」「漢字から語句の意味を判断する」といった国語の知識問題を解く際の作法も身につけることができる問題集。国公立しか受けないようなら、「重要度C」を飛ばすとスムーズ。

には気をつけて使いたいものです。

《算数》

○入試基本レベル

□『**中学入試 算数の図で解く文章題実戦ドリル**』（学研プラス）

各分野の基本的な文章題を網羅した、図の描き方を練習できる問題集。問題数が絞ってあるので、難関志望者の基礎固めにも比較的使いやすそうです。

□『**すいすい解ける！ 中学数学の文章題 驚異のサザンクロス方式**』（実業之日本社）

表を書いて方程式を立てるやり方で、各分野の文章題を攻略していく問題集。小学校教科書レベルの基本の確認から始まり、問題のレベルも標準的な高校入試までに限定されています。

要は、中学受験が視野に入らないような学力の生徒まで対象としているため、方程式さえ解けるようになっていれば、受験算数のどんなテキストよりも易しいといえます。

○難関レベル

□『**速ワザ算数　数の問題編**』『**同　文章題編**』（文英堂）

基本的な問題が理解できていることを前提に、「難関校で差がつく」レベルのやや複雑な典型問題も集めた本。

付録

答えられるようにしておきたいもの。

《理科・社会》

○入試基本レベル

□『**中学入試 一問一答 完全版 国語・算数・理科・社会**』（学研プラス）

（『四科のまとめ』などでも可）

細かい知識の出題がほぼありえない地方の国公立中学しか受けないなら、これで十分すぎるほど。細かい地名や植物名などに手を広げるより、ここに登場する基本用語をしっかり説明できるようにしておくべき。

難関志望でも記述問題や正誤問題がさっぱり、というのであれば、やはり『コアプラス』などに手をつける前にこのレベルを仕上げておきたいもの。

○難関私立向け

□『**サピックスメソッド社会 コアプラス**』

□『**サピックスメソッド理科 コアプラス**』（以上、代々木ライブラリー）

かなり細かい内容までカバーしている一問一答型問題集。難関志望者の多くが使っているという安心感はありますが、難関でも知識重視の学校を受けないなら、分野によってはオーバーワークになる可能性もあるので、科目間のバランス理系に進むならほぼ全員が大学受験で使うため、やはり進学校では重視しているところが多いと思います。

逆に、動植物名や星、星座に関する細かい知識は、中学進学後に使わない可能性が高いので、特に好きな子が趣味として覚えるというので十分でしょう。

《社会》

□『**合格する地理の授業 日本の産業編**』（実務教育出版）

社会は、なんといっても地理の産業分野です。自然環境との関係も含めて、産業の立地条件を理解することは論理的思考力の養成にもなりますし、国公立大学を受験するなら文系・理系問わず地理を選択する可能性が高いからです。

●知識の核：受験知識の核となる、繰り返して覚えるべき問題集

《全科目》

□『**書いてみるみる身につく！ 10才までに覚えることば1200ドリル**』（朝日新聞出版）

国語だけでなく、算数・理科・社会の重要語も収録しているドリル。本格的な受験勉強に入る前に、ぜひともすらすら

付録

国語は語句を中心に知識全般。語句のほかにも、現代社会を題材にした説明文を読むための背景知識が重要です。これが十分でないと、中学生になったときに使える教材、読みこなせる本のレベルが限定されてしまいます。

読み方の練習に最適なほか、要約の練習にも使えます。解くためのテクニックについては、進学塾なら塾の方針に従ったほうがいいでしょう。

《算数》

□『**速ワザ算数　数の問題編**』（文英堂）

算数は整数問題や場合の数といった、数の性質に関する問題。東大をはじめとする難関大学でよく出題され差がつく分野であるため、難関大を目指す進学校の入試でもよく出題されているかと思います。

そのまま大学入試まで役立つ考え方が多いので、難関私立中学を受験しない場合でも身につけておくのがおすすめです。

《理科》

□『**中学受験 すらすら解ける魔法ワザ 理科・表とグラフ問題**』（実務教育出版）

理科は化学分野を中心にグラフや表で考える問題。化学は字・熟語を「見たことがある」状態にしていくことができます。

□**『作文天国』シリーズ**（フォーラムA企画）

なぞり書きからはじめて、指示にしたがって書いていくだけで作文の基本を体得できるようにしたワーク。これだけで十分ということにはなりませんが、まったく書けないレベルからでも使えるので、取っつきやすさではベストでしょう。

□**『作文力ドリル 作文の基本編』シリーズ**（学研プラス）

穴埋めや書き換え、誤文訂正など、取っつきやすい形式での練習からはじめて、高学年編では入試レベルの長い作文まで進むドリル。題材のおもしろさにこだわっているので、楽しく進められる可能性が高いです。

●受験しない場合でも知っておきたい、中学受験特有の知識を身につける本

《国語》

□**『四科のまとめ　国語』（言語要素編）**（四谷大塚出版）

□**『中学入試 国語の読解力をぐんと伸ばす 説明文編』**（数研出版）

ら、早い時期にやっておきたいものです。

□**『強育ドリル2　表で解く！』**（ディスカヴァー）

基本的な文章題で表を書いて解く練習をするためのテキスト。方程式を取り入れるなら、こちらのやり方のほうがスムーズ。

《国語》

□**『いっきに極める国語 漢字』『同 熟語』『同 慣用句・ことわざ』シリーズ**（くもん出版）

書くだけで漢字・語句に慣れるためのテキスト。これだけで定着させられるわけではないことに注意は必要ですが、部首別にまとめるなど学年別のテキストにはない工夫も見られます。

□**『小学4年生までに覚えたい 説明文の基本フレーズ400』『同 物語文の基本フレーズ400』**（文英堂）

語句整序方式で短文を書いていくテキスト。本格的な読解問題の練習に入ったときに、「見たこともない言葉だらけ」になることを防いでくれます。

□**『中学入試基礎ドリ 国語 ［漢字・熟語］』**（文英堂）

とにかく繰り返し書いていくことで、入試基礎レベルの漢語を「見たことがある」状態にしていくことができます。

《算数》

□『**新版　○年生の国社算理［改訂版］たったこれだけプリント：陰山メソッド**』**シリーズ**（小学館）

各学年の基本事項を音読しやすくまとめたテキスト。教科書内容理解の先取りにも。

□『**図形プリント**』（学研プラス）

入試基礎レベルの解法に音読でアプローチ。図形問題やその解説に出てくる独特な言い回しに慣れることで、解き方を覚えたり、より応用的な解法を学んだりするための基礎体力を身につける効果が期待できます。問題には難しいものもありますので、辞書本（調べ物用の本）の併用がおすすめ。

□『**小学基本トレーニング ○級 計算／文章題・図形**』**シリーズ**（増進堂・受験研究社）

順にしたがって進めていくだけで復習もできて、無理なく教科書内容が定着するテキスト。

□『**中学入試 分野別集中レッスン 算数 文章題**』（文英堂）

基本的な文章題で図の描き方を練習するためのテキスト。方程式を使わず、線分図や面積図で受験算数を学んでいくな

付録

「千本桜」の替え歌など、名曲のメロディーに合わせて歴史を覚えるコンセプトでヒットした本。収録曲が好みなら、楽しんで何度も聞くうちに自然に覚えられるでしょう。

ただし、曲自体が複雑なので覚えやすいとはいえないし、解説も決してわかりやすくないので、あくまでボカロ曲が大好きな子向けという印象です。

●読むだけ、書くだけテキスト

繰り返し音読することが中心なので、勉強にあまり慣れていない段階でも、比較的取っつきやすいテキストです。本格的な問題集で勉強する前の先取り目的に向くと思います。塾に入る前の子でも、比較的使いやすいでしょう。

《理科・社会》

□**『新版　○年生の国社算理［改訂版］たったこれだけプリント：陰山メソッド』シリーズ**（小学館）

各学年の基本事項を音読しやすくまとめたテキスト。教科書内容の先取りに最適。

□**『中学入試基礎ドリ』シリーズ**（文英堂）

とにかく繰り返し書いていくことで、入試基礎レベルの用

ストーリーと簡単な設問で、無理なく文章に慣れると同時に、語彙《い》力を身につけられるテキスト。本格的な読解問題集に入る前の取っかかりに最適。同時に、歴史や理科のイメージを持つこともできます。

□『**中学受験 物語ですらすら頭に入る よく出る漢字720**』（実務教育出版）

中学受験を目指す小学生たちのストーリーで、受験によく出る漢字も学べる本。受験についてのイメージを持てますので、モチベーションアップにつながり、重要漢字という内容と合わせて本格的な受験勉強をはじめる最初の一冊に最適。

□『**歌まな 中学社会をボカロ42曲で学んじゃいますか？**』（川源文庫）

収録曲が非常に多く、基本事項だけですがほんとうに中学理科・社会の全範囲を曲だけで網羅しています。有名な学研のものと比べると、1つひとつのメロディーが単純で短く覚えやすいので、実用性が高いと思います。

理科は学年順の配列なので若干使いにくいですが、解説・ドリルも意外と充実しており、1冊でかなりの内容が学べます。

□『**ボカロで覚える 中学歴史（MUSIC STUDY PROJECT）**』（学研プラス）

で解説。テキストもありがちな間違いにツッコむという形式なので、点差がつきやすい正誤問題に強くなることも期待できます。

□**『るるぶ マンガとクイズで楽しく学ぶ！ 47都道府県』『同世界の国』**（ジェイティビィパブリッシング）

旅行ガイドで有名な「るるぶ」による地理の入門マンガ。楽しめるしかけが多いので、繰り返し読んでいつの間にか知識を身につけるという使い方に最適。

□**『角川まんが学習シリーズ 日本の歴史』**（KADOKAWA）

今ふうの絵柄とくわしい解説で、このところ最も人気があるシリーズ。同じ角川の『空想科学学園』と同じく、メインストーリーのセリフ中にうまく重要事項を盛り込んでいるので、自然に知識が身につきやすいと思います。

□**『マンガでわかる中学社会 公民』**（学研プラス）

公民分野の新しいマンガ。マンガが好きな人向けのネタが多いです。「中学」とありますが、大胆なデフォルメによってイメージがつかみやすくなっており、難解な用語が多く取っつきにくい公民分野の入門には最適。

□**『読解力と語彙力を鍛える！ なぞ解きストーリードリル』シリーズ**（ナツメ社）

スト。本シリーズのヒットにより類書も増えていますが、他書と比べ覚えやすさに直結する「マンガのインパクトの強さ」という点で優れています。

□**『理科と社会がすきになる エコのとびら』『同　2』**（代々木ライブラリー）

頻出の環境問題とその周辺テーマ、時事的な話題、そして身近な出来事からの導入と、これでもかというくらいに近年の入試トレンドに即している低学年向けのマンガ。絵柄はシンプルだが、中学入試に向けての実用度は抜群といえます。

□**『角川まんが科学シリーズ 空想科学学園』**（KADOKAWA）

多くの理科マンガはエンターテイメント部分と「博士の専門用語満載のセリフ」のような解説部分が分かれすぎていて、「親が読んでほしいところを子どもはスルー」ということになりがちですが、このシリーズはエンターテイメント部分にほどよく理科の必須知識が盛り込まれているので、自然に学力が伸びやすいでしょう。入試で差がつきやすい知識をわかりやすく解説した別ページもあります。

《中学年以降》

□**『中学入試対応 ツッコミ！ 理科』**（永岡書店）

入試によく出るポイントを、独立したテーマごとにマンガ

1

コロナに負けない
小中学生のための
おすすめ参考書・厳選62

1000冊の問題集・参考書を読みこなす「参考書マニア」の私が、ほんとうに良いと思ったものだけをのべ62冊（シリーズものは1冊として換算）、厳選してご紹介します。

●楽しめるマンガなどのエンタメ系教材

《低学年向け》

□**『小学生のまんがことわざ辞典 改訂版』『同　慣用句辞典 改訂版』**（学研プラス）

□**『マンガでわかる！ 10才までに覚えたい言葉1000』『同 レベルアップ編』**（永岡書店）

はじめて見る言葉もイメージすることができる語句のテキ

付　録

もしつまずくとすれば、算数のやり方でそのまま押し通そうとしてしまうようなケースが多いでしょう。それを防ぐために**意外と有効なのが、文系分野の学習法として紹介した「音読」**です（第2章参照）。

教科書の各項目冒頭の説明や例題の解答を繰り返し音読することで、**数学用語や独特な言い回しに慣れていけば、自然と算数から数学への切り替えが進むでしょう。**

そういった問題に対しては、やはりこの解き方のように**「図を作成して、文字式も含め長さを書き込んでいく」というやり方が必要になります。**

アドバイス

この章の問題がマスターできたなら、中学入学までに『**スタートダッシュ中学数学**』(東京出版)でひととおり中学数学の範囲をさらっておくということも可能でしょう。

関数がどうもよくわからないということがあれば、『**スーパーステップ くもんの中学数学 関数・資料の活用**』がおすすめです。

もともと算数が苦手で、この章はとても理解できないというようであれば、『**中学の数学・方程式が超わかる本**』(草思社)から読むとよくわかると思います。

中学数学は、算数をしっかり学習してきた生徒にとって決して難しくはありません。実際、トップクラスの中高一貫校や一貫校向けの塾は中学内容を1年で終わらせ、その後3~4年かけて高校数学を学ぶようなカリキュラムになっていますし、難関高校入試の定番である「高校への数学」公式サイトでは、中1後半から高校入試レベルの問題集に取り組むことが推奨されています。

$2 \times 2 \div 2 = 2$

$8 \times a \div 2 = 4a$ となるので、

求める面積は、

$8a + 16 - (3a + 6) - 2 - 4a = a + 8$　となります。

❽ 解説　立方体の切断面の面積を求める受験算数の典型問題に似た問題です。受験算数で勉強したことがなければ、次の説明は読み飛ばしてかまいません。

その典型問題は、求める二等辺三角形の面積が正方形の面積の8分の3になるということを覚えていると一瞬で解けるというものです。

しかし、それを公式的に覚えているだけで、「長方形から外側の直角三角形3つを引く」という考え方が身についていなければ、今回のような数学の問題には応用が利きません。

実は数学でも、このような三角形の面積を求める公式というのがあって、答えだけなら一瞬で出すことも可能です。

しかし、おそらくこれからはその公式を使って面積を求めるよりも、その**公式が成り立つことを説明させるような問題が多く出題されるようになっていくでしょう。**

❼解説 問題の文字だけを見ると面倒そうですが、**実際に座標平面上で図形を描いてしまえば簡単に解ける問題で**す。

❽答え **◯ 基本作法：面積を求めるときは、底辺や高さをグラフに書き込む**

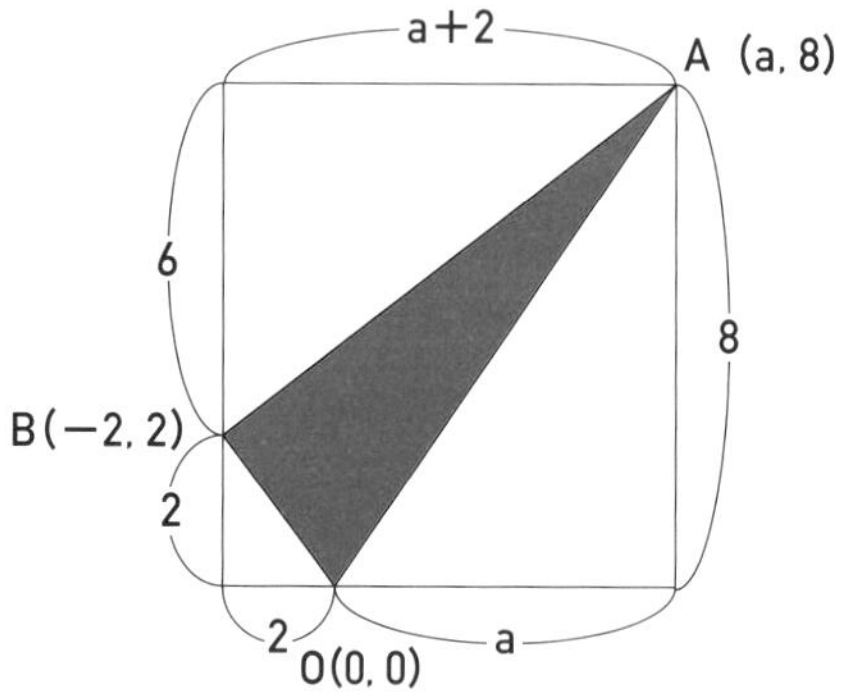

図のように、三角形OABを囲む長方形を考えます。三角形OABの面積は、長方形から外側の直角三角形3つの面積を引けば求めることができるので、

長方形の面積は$8\times(a+2)=8a+16$

3つの直角三角形の面積はそれぞれ、

$6\times(a+2)\div2=3a+6$

⑦答え　◯ 基本作法：座標は、あくまでグラフ上で求める

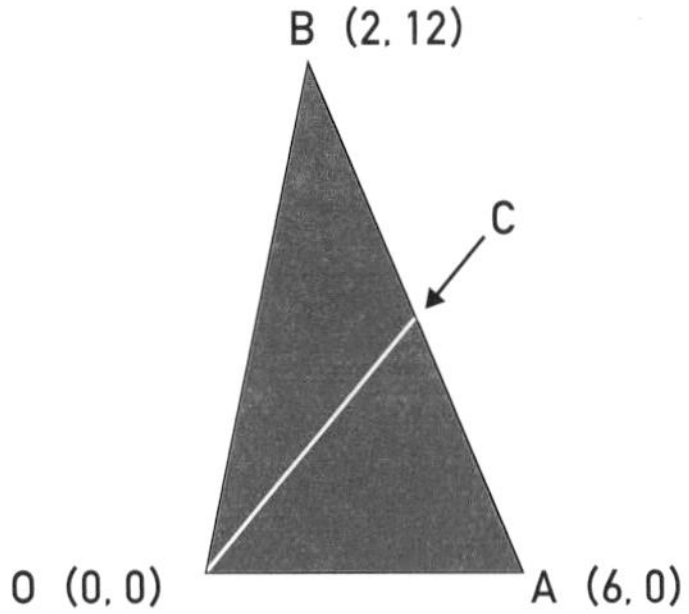

図のように、三角形OABと三角形OACは底辺OAを共有しているので、高さが三角形OABの半分になる位置にCを取ればよい。

OAはx軸上にあるので、三角形OABおよび三角形OACの高さはy軸と平行になるため、Cのy座標はAのy座標0とBのy座標12との間のちょうど真ん中にあればよいことになり、(0＋12)÷2＝6となります。

このとき、CはABの中点になるので、Cのx座標もAのx座標6とBのx座標2との間のちょうど真ん中になっており、

(6＋2)÷2＝4 となる。

よって、C(4, 6) となります。

⑥答え　◯ 基本作法：1次関数の式は、慣れるまで直角三角形を描いて求める

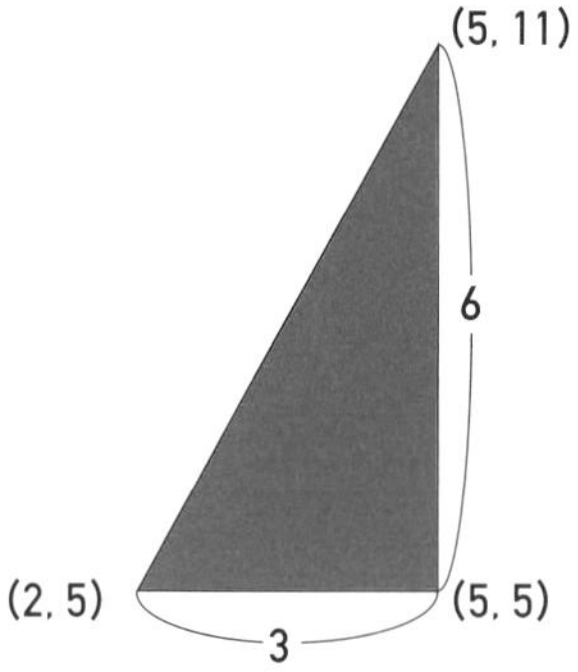

それぞれの点を図示すると図のようになり、xが3増加するとyは6増加するので直線の傾きは2。

傾き2の直線を$y=2x+b$とおくと、(2, 5) を通ることから$5=2\times2+b$となり、$b=1$。

よって、求める直線の式は「$y=2x+1$」となります。

❺解説 この関数をグラフで描くと、原点を通る直線となることからも、xが−3のときのyの値が9であることが見えてきます。

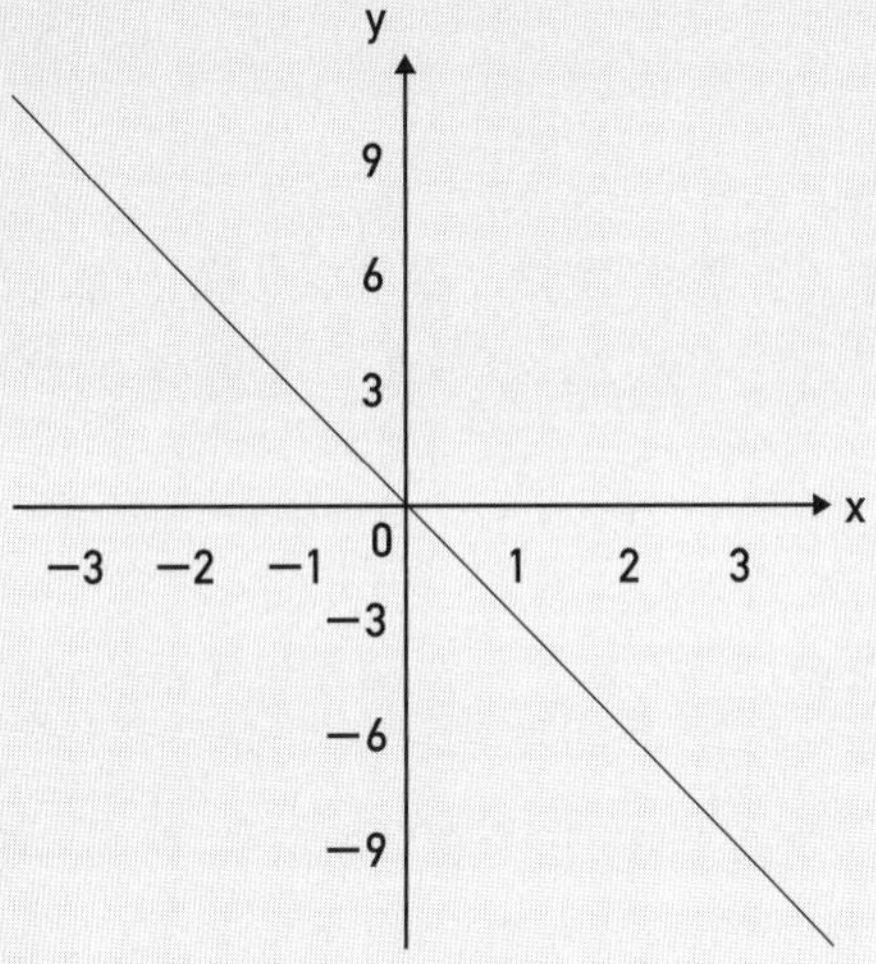

とが簡単にわかります。

すなわち、**答えの最後の側が見えている**のです。あとは、**「どの2つの角が等しいか」**を考えれば解けます。

⑤答え　◯ 基本作法：グラフを描けば、「マイナス×マイナス＝プラス」も感覚的に理解できる

x	−3	−2	−1	0	1	2	3
y				0	−3	−6	−9

関数$y=-3x$を表に表すと、xが1増えるごとにyが3ずつ小さくなる、逆にxが1減るごとに3ずつ大きくなっていることがわかります。

この規則にしたがって表を埋めると、

x	−3	−2	−1	0	1	2	3
y	9	6	3	0	−3	−6	−9

となり、「$-3\times(-3)=9$」となることがわかります。

ここで、三角形ABDの内角の和に注目すると、角ABDは　180°−90°−角BAD＝90°−角BADとなります。

また、三角形ABCの内角の和に注目すると、角DCBは　180°−90°−角BAC＝90°−角BACとなります。角BADと角BACは図からわかるように同じ角であるので、90°−角BADと90°−角BACも等しい。

ゆえに、角ABD＝90°−角BAD＝90°−角BAC＝角DCBとなり、三角形ABDと三角形BCDは2つの角が等しい。

よって、三角形ABDと三角形BCDは相似となります。

4 解説　受験算数をやっていれば、この図の直角三角形どうしがそれぞれ相似であることはすぐにわかると思いますが、**これからの数学（おそらく算数でも）で重要なのは、「なぜ相似であると言えるのか」を説明することになってくるでしょう。**

この問題文から三角形ABDと三角形BCDが相似であることを直接証明するのは少々難しいかもしれません。しかし、この問題では見てのとおり長さがいっさい書かれていないため、相似であることを証明するために「2つの角が等しい」という条件を使うというこ

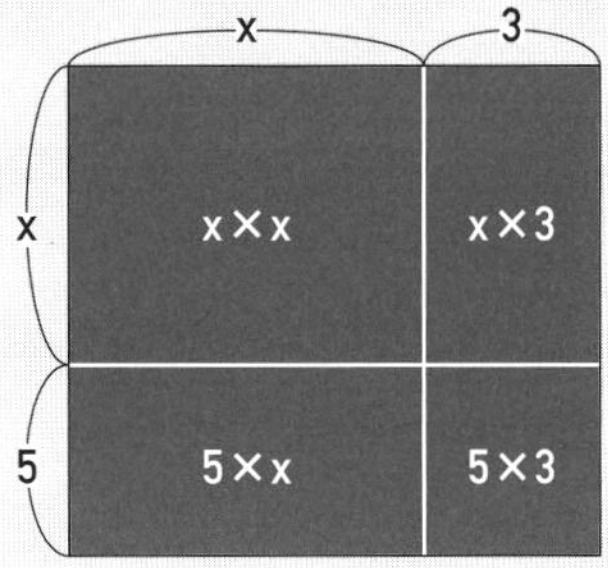

❹ 答え ◯ 基本作法：証明は、「何がわかればいいか」から考える

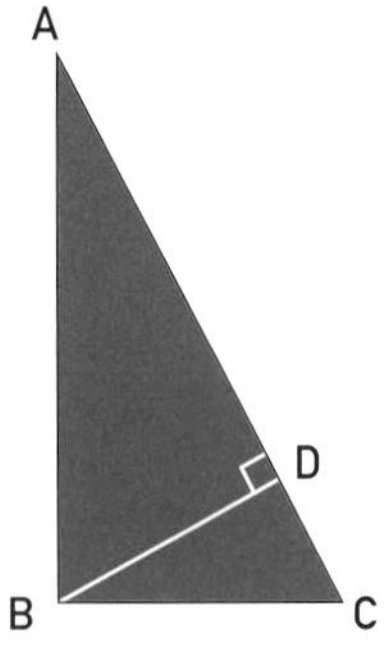

三角形ABDと三角形BCDについて、角ADBと角BDCはともに直角なので等しい。

③答え　○ 基本作法：式の展開に慣れるまでは、表か面積図を書く

$(x+3)(x+5)=x(x+5)+3(x+5)$ なので、結局はそれぞれの項をかけ算して足し合わせればよいことがわかります。

	x	5
x	x^2	5x
3	3x	15

それぞれを足し合わせて、$x^2+3x+5x+15=x^2+8x+15$

③解説　展開の基本は、それぞれかけ算をして足し合わせることです。それがわからずに、公式を覚えて解いていると、公式が使えない問題に当たったときに、どうしていいかわからなくなってしまうかもしれません。**表に書き込む形式なら、小学生でも問題なく解けるでしょう。**

ちなみに、$x \times x=x^2$ の部分ですが、すでに面積の計算で3m×4m＝12㎡などとやっているのと同じだととらえれば、やはり小学生でも無理なく扱えると思います。

また、次のページのように「面積図」を使っても同じように理解できます。受験算数に慣れていれば、こちらのほうがわかりやすいでしょう。

120円の和菓子x個の値段は$120x$円、

100円のチョコ（$20-x$）個の値段は$100(20-x)=$（$2000-100x$）円となり、

その合計が2160円なので、

$$
\begin{aligned}
120x+2000-100x&=2160\\
20x+2000&=2160\\
20x&=160\\
x&=8
\end{aligned}
$$

チョコレート菓子の個数は$20-8=12$個

よって、和菓子8個、チョコレート菓子12個となります。

❷解説 それまで「つるかめ算」を面積図で解いたことしかなかったりすると、「〇〇の数をxとして方程式を立てなさい」と言われたときに混乱してしまうことがあります。

その点、**最初から表を書くやり方でも解いた経験があれば、そこにxを当てはめるだけなのでスムーズに式を立てることができます。**

答えと解説

①答え

○ 基本作法：正負の数は、数直線上で考える

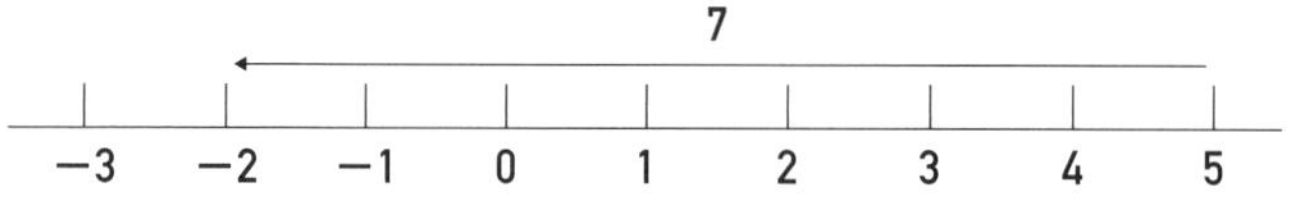

図より、5−7の答えは−2となります。

①解説

「7を引く」ということは、数直線上で5から7だけ左に行った値を求めるということなので、図示したように−2となります。

②答え

○ 基本作法：表を途中まで書いてから、xも書いて方程式を立てる

120円の和菓子	1個	2個	3個	4個	……	x個
100円のチョコ	19個	18個	17個	16個	……	(20−x) 個

上のような表を書くと、100円のチョコは（20−x）個だということがわかります。

⑥ 点(2, 5)と点(5, 11)を通る直線の式を求めなさい。

⑦ 点O(0, 0)、点A(6, 0)、点B(2, 12)とする。直線AB上に点Cをとったとき、線分OCが三角形OABの面積を二等分するようなCの座標を求めなさい。

⑧ 点O(0, 0)、点A(a, 8)、点B(−2, 2)とする。aの値が正のとき、三角形OABの面積をaの式で表しなさい。

数学準備

問題

① $5-7=-2$になる理由を説明しなさい。

② 120円の和菓子と100円のチョコレート菓子を合わせて20個買ったところ、合計金額が2160円になりました。和菓子の数をxと置いて方程式を立て、和菓子とチョコレート菓子それぞれの個数を求めなさい。

③ $(x+3)(x+5)$を計算しなさい。

④ 直角三角形ABCの直角Bから、辺ACに垂線を下ろして交点をDとする。三角形ABDと三角形BCDが相似であることを証明しなさい。

⑤ $-3\times(-3)$が9である理由を説明しなさい。

2

一歩先ゆく「数学の作法」

小学生のうちに身につけておきたい数学の作法には、次のようなものがあります。

- 正負の数は、数直線上で考える
- 表を途中まで書いてから、xも書いて方程式を立てる
- 式の展開に慣れるまでは、表か面積図を書く
- 証明は、「何がわかればいいか」から考える
- グラフを描けば、「マイナス×マイナス＝プラス」も感覚的に理解できる
- 1次関数の式は、慣れるまで直角三角形を描いて求める
- 座標は、あくまでグラフ上で求める
- 面積を求めるときは、底辺や高さをグラフに書き込む

では、ここでも問題を解きながら、「数学の作法」について説明していきましょう。

にはかなり文法レベルが高いものもありますので、いくつか紹介しておきましょう。

それぞれ**教科書の公式サイトで、すべての収録曲のリストが公開されている**ので、興味があれば調べてみるといいでしょう。ちなみに、東京書籍の『ニューホライズン』で紹介されている「カントリーロード」の原曲は、私もよく覚えています。高校（ラ・サール）の最初の定期テストに向けて覚えた曲だからです。

○『Here we go』（光村図書）

5年生：**This Is the Way**

It's a Small World

6年生：**Take Me Out to the Ball Game**

Bring Happiness to the World（「しあわせ運べるように」の英語バージョン）

○『Junior Total English』（学校図書）

5年生：**The Bear Went Over the Mountain**

Pat-a-Cake

6年生：**Mary had a little lamb**（本章で解説）

Down By the Bay

○『New Horizon elementary』（東京書籍）

6年生：**Take Me Home, Country Roads**

We Are the World

https://www.alexyork.com/momotaro-audio

実は童謡だけでなく、最近のヒット曲でも、たいていバイリンガルの歌い手さんが英語バージョンを歌う動画がYouTubeなどで流れています。この章のような**「リズムマスター」を作って、単語の読み方と意味も覚えれば、案外小学生でも歌えるようになります。**

もちろん、文の構造や意味をしっかり理解できるかどうかは別問題ですし、簡単な童謡と比べれば負担ははるかに大きくなりますので、誰にでもおすすめできるものではありません（私の娘も、ある曲を「もう鬼滅なんて見たくない!」と泣きながら覚えていたのですが、一曲歌えるようになって自信はついたようです）。

ですが、**このような素材を使って、小学生のうちに英語の発音、拍に慣れておくのは、中学英語で一歩リードするために効果的な勉強法**であることは間違いありません。

歌にあまり興味がなく、どの曲がいいかわからないという場合でも心配ありません。実は、小中学校の主な検定教科書には結構な学習効果が見込めそうな名曲が紹介されているからです。

難しいので授業で大きく扱われることは少ないと思いますが、マスターすれば相当な実力がつくはず。光村図書や学校図書の小学校教科書には多数の童謡が収録されており、なか

英語準備

まったく英語の読み方を知らないままだと、文章量に圧倒されて十分に理解できないまま進んでしまう可能性が高いでしょう。

実は、あまり慣れていない時期から英文を理解するのには、1つのコツがあります。

それは、in, on, at, to, with, aboutのような**前置詞の直前で、一度意味を区切ってみる**ことです。中1の教科書なら、ほとんどの英文はこれで理解できるようになるでしょう。

歌の中では、ちょうどこの位置でメロディーが区切れることが結構あるので、**繰り返し歌うことが自然に読解力を伸ばすことにつながる**と思います。

「この文ってどうなってるんだろう？」と思ったときには、「I've been working ／ on the railroad」のように、**「on の前で少し区切れる」**ということを思い出すようにします。

なお、歌で英語を覚えるためには、『**桃太郎を歌うだけで英語が話せるCDブック**』（KADOKAWA）という、この章に似たコンセプトの本があります。

発音以外の解説は少ないですが、歌詞自体をわりと日本人に歌いやすく作っているようなので、ここで練習したように拍を合わせれば歌える曲も多いと思います。

音声はこちらのサイトから無料で聞くことができますので、もっとたくさん歌いたい方はぜひ試してみてください。

エットする」などの意味はない。

morn は morning の略。笛が「早く起きろ」と言っている。

Can't you hear the captain shouting（聞こえないか 親方が叫んでいるのが）

shouting が captain を修飾して、「叫んでいる親方」になると考えるとわかりやすい。線路工事の現場なので、captain（キャプテン）の意味は「親方」が合う。

Dinah, blow your horn（ダイナ、汽笛を鳴らせと）

Dinah, won't you blow（ダイナ、鳴らしてくれないか）

won't you はていねいな頼み方だが、古くてあまり使われない表現。「ダイナ」は蒸気機関車の愛称と言われている。

アドバイス

2021年から使われる中学英語の教科書は、今までと比べると1年生から文章の量がかなり増えています。公立中学校で使われる検定教科書もそうなのですが、多くの一貫校で使われているZ会の『NEW TREASURE』も大きく改訂されました。

すべての章にまとまった量の英文を採用するなど、**入学直後から本格的な読解が始まることになります**。そのため、

英語準備

All the livelong day（一日中）

all the dayだけでも「一日中」という意味なのを、livelongで強調している。

I've been working on the railroad（私は働き続けてきた 線路で）

Just to pass the time away　（ただ時間を過ぎさせるためだけに）

just to は「ジャスタ」のようにつなげて発音。pass the timeでも「暇をつぶす」という意味の熟語。

pass awayは「亡くなる」なので、暇つぶしのニュアンスが強調される。ここのtoは「副詞的用法」といって、「〜するために」という意味。

Can't you hear the whistle blowing（聞こえないか 笛を吹いているのを）

blowing がwhistleを修飾していると考えればわかりやすい。Can't you（〜できないの？）は「キャンチュー」とつなげて発音。whistleの「t」は発音しない。「ホイッスル」と日本語読みするとついていけないので注意。

Rise up so early in the morn（「そんな朝早くに起きろ」って）

Rise upは「ライザップ」とつなげて発音。動詞の原形で始まる命令形。rise up は、「起きる」以外に「奮起する」「暴動を起こす」という意味でも使われる熟語。有名な会社名の由来でもあるが、直接は「ダイ

ダイナ ウォンチュbロウ ユぅア ホーーーン

Dinah, won't you blow your ho-o-orn

ラランラララララララ

ダイナ ウォンチュbロウ

Dinah, won't you blow

ランラララララ

ダイナ ウォンチュbロウ

Dinah, won't you blow

ラランララララ

ダイナ ウォンチュbロウ ユぅア ホーン

Dinah, won't you blow your horn

ラランラララララララ

英語準備

構造解説 I've been working on the railroad（私は働き続けてきた線路で）

'veはhave「持つ」の略だが、ほぼ発音しない。be〜ingは「〜している」という意味。beenという形になって「〜した状態」、haveと合わせて「働いている状態を持っている」、つまり「今までずっと働いてきた」という意味になる。

キャンチュ ヒぃアザ　ウィスl　bローインg

Can't you hear the　whistle　blowing

はるかな　まちまで

ライザpソ アーぁリ　イン ザ モーン

Rise up so early　in the morn

ぼく　たちの

キャンチュ ヒぃアザ　キャpテン　シャウティng

Can't you hear the　captain　shouting

たのしい　たびのゆめ

ダイナbロウ　ユぅア　ホーン

Dinah, blow　your　horn

つな　いでる

ダイナ ウォンチュbロウ

Dinah, won't you blow

ランラララララ

ダイナ ウォンチュbロウ

Dinah, won't you blow

ラランラララララ

❸ I've Been Working on the Railroad（線路は続くよどこまでも）

単語どうしをつなげて発音する部分が多く出てきます。

●リズムマスター

アーイ（ヴ）ビーn	**ワーキンg**	**オンザ レイlローd**
I've been	working	on the railroad
せん	ろは	つづくよ

オーl ザ	**リヴロンgデー**
All the	livelong day
どこ	までも

アーイ（ヴ）ビーn	**ワーキンg**	**オンザ レイlローd**
I've been	working	on the railroad
のを	こえ	やまこえ

ジャスタ	**パs ザ**	**タイm**	**アウェイ**
Just to	pass the	time	away
	たにこえて		

thatは「羊がメリーについて学校に行ったこと」を指す。

It made the children laugh and play.（それは子どもたちを 笑って遊ばせた）

madeはmake（メイク、作る）の過去形だが、「～させた（使役）」のような意味になる。直訳だと「笑って遊ぶ子どもたちを作った」。

laugh and play, laugh and play.（笑って遊ばせた 笑って遊ばせた）

It made the children laugh and play.（それは子どもたちを 笑って遊ばせた）

実はこのitが指しているのは、to see a lamb（子羊を見ること）。文法の授業では、このようなitを「仮主語」と呼んだりする。

To see a lamb at school.（子羊を見ることは 学校で）

構造解説 Mary had a little lamb, little lamb, little lamb, (メリーは子羊を持っていた 子羊、子羊)

lambはラム肉のラム。「b」は発音しない。

Mary had a little lamb, (メリーは子羊を持っていた)

Its fleece was white as snow. (その毛皮は白かった 雪のように)

asにはさまざまな意味・使い方があるが、ここでは「〜のように」の意味。

And everywhere that Mary went, Mary went, Mary went, (そしてメリーが行ったどこへでも メリーが行った メリーが行った)

went はgoの過去形で「行った」。that Mary wentは直前のeverywhereにかかる後置修飾。

And everywhere that Mary went, (そしてメリーは行ったどこへでも)

The lamb was sure to go. (その羊は必ずついていった)

was sure to〜で「必ず〜した」という意味の熟語。

It followed her to school one day, (それは 彼女についていった 学校に ある日)

「それ」は子羊のこと。toは「〜に」。

school one day, school one day, (ある日学校 ある日学校)

It followed her to school one day, (それは 彼女についていった 学校に ある日)

That was against the rule. (そのことは ルール違反だった)

英語準備

イtフォロウdハぁートゥ スクーlワンデイ

It followed her to school one day,

あるとき　　　がっこうへ

ザt　ワザゲンstザ　ぅルール

That was against the rule.

つーいてーきた

イtメイdザ チldぅレン　ラファンdpレイ

ラファンdpレイ　　ラファンdpレイ

It made the children　　　laugh and play,

laugh and play,　　　laugh and play,

せいとが　　　　　わらった

わらった　　　　　わらった

イtメイdザ チldぅレン　ラファンdpレイ

It made the children　　　laugh and play,

せいとが　　　　　わらった

トゥ スィーアラmアtsクーl

To see a lamb at school.

それをみて

エァンdエヴぅリウェア　ザtメーぇリウェンt
メーぇリウェンt　メーぇリウェンt

And everywhere　that Mary went,
Mary went,　Mary went,

どこでも　ついていく
メエメエ　ついていく

エァンd　エヴぅリウェア　ザt　メーぇリウェンt

And everywhere that Mary went,

どこまで　ついていく

ザ ラm ワz　シュぅア　トゥ ゴー

The lamb was　sure　to go.

かわい　いわね

イtフォロウdハぁー　トゥsクーlワンデイ　sクーlワンデイ
sクーlワンデイ

It followed her　to school one day,　school one day,
school one day,

あるとき　がっこうへ　がっこうへ
がっこうへ

❷ Mary had a little lamb（メリーさんのひつじ）

拍に加えて、「r」や「a」の発音もできる限り意識してください。

●リズムマスター

メーぇリ ヘァダ リtル ラm リtル ラm リtル ラm
Mary had a little lamb, little lamb, little lamb,
メリーさんの ひつじ ひつじ ひつじ

メーぇリ ヘァダ リtル ラm
Mary had a little lamb,
メリーさんの ひつじ

イッツ fリース ワz ワイt アz sノウ
Its fleece was white as snow.
まーっ しろね

構造解説 **Under the spreading chestnut tree（枝が広がっているくりの木の下で）**

spreading（スプレディング、広がっている）はカタカナ語だと「スプレー」。

「スプレー」をはじめ、「ファットスプレッド」「スーパースプレッダー」のように日本語にも入ってきている表現。新課程の教科書では、「nervous」（ナーバス）、「surprise」（サプライズ）など、中学までの英単語としてはやや難しいものの、カタカナ語の知識があればすぐに覚えられる単語が多く追加されている。

There we sit both you and me（そこに私たち、あなたと私の両方が座る）

thereは「そこに」。both は、そのあとに「○ and □」という形が続いて、「○と□の両方」。

Oh, how happy we will be!（ああ、なんて私たちは楽しくなるのでしょうか）

how happyは、文の最初にくると「なんて楽しいの」という感動を表す表現になります。

Under the spreading chestnut tree.

最初と同じですね。「r」の発音に気をつけましょう。

英語準備

❶ Under the spreading chestnut tree,（大きなくりの木の下で）

まずは英語の「拍」を意識しましょう。

●リズムマスター

アンダr ザ	**spぅレッディンg**	**チェスtナッt**	**トゥリー**
Under the	spreading	chestnut	tree,
おおきな	くりの	きのした	で

ゼア	**ウィー**	**スィt**	**ボウス**	**ユー**	**ェアンd**	**ミー**
There	we	sit	both	you	and	me.
あなたと					わたし	

オー	**ハウ**	**ヘァッピー**	**ウィー**	**ウィル**	**ビー**
Oh,	how	happy	we	will	be!
なかよく			あそびましょう		

アンダr ザ	**spぅレッディンg**	**チェスtナッt**	**トゥリー**
Under the	spreading	chestnut	tree,
おおきな	くりの	きのした	で

本章の目玉ともいえる**「リズムマスター」**（195ページ以降参照）では、アルファベット混じりのカタカナを日本語の歌詞と拍数を合わせて並べることで、直感的にリズムをつかめるようにしています。

小学生のうちに身につける❸後置修飾

「後置修飾」とは、たとえば「the book on the desk」（机の上にある本）の「on the desk」のように、後ろから前の単語を修飾する使い方です。

小学校で文法を体系的に教わることはありませんが、その割には難しい表現が出てきます。「後ろから前を修飾する」ということを知らないと、単語をでたらめにつないで、「本、上に、机だから、本の上に机があるんだ」のように、まったく違う意味だと思うようになってしまいかねません。

これについては、1行ごとに意味と構造を解説する**「構造解説」**の中で出てくるたびに解説しますので、**「英語では後ろから前を修飾することがよくある」**ということだけを知っておいてください。

これから紹介する歌はすべてYouTubeなどで多数公開されていますが、動画によっては多少歌詞が異なることもあります。その場合は調整するか、ほかの動画を探すかしてみてください。

アドバイス

さらに発音を練習したいなら、**「あいうえおフォニックス」**（https://aiueophonics.com/）をおすすめします。公式サイトでは無料で学習できますし、最近は書籍も発売されました。

小学生のうちに身につける❷リズム

発音と同等以上に重要なのが「リズム」です。英語には1拍をつくらない発音が多いため、カタカナをそのまま読むと拍数がまったく違ってしまい、通じない「日本人英語」になってしまうのです。

その例としてよく使われるのが「McDonald」です。これをカタカナで書くと「マ・ク・ド・ナ・ル・ド」と6拍ですが、英語読みすると「メk・ドー・ナld」と3拍になります。

そのままアルファベットで表記したのが、1拍をつくらない部分。特に、d、t、g、k（ドゥ、トゥ、グ、ク）あたりは単語の末尾にきて、1拍にしてしまうとついていけなくなる部分なので、今のうちに練習しておくといいでしょう。

dog（ドッg、犬）、cat（キャッt、猫）、long（ロンg、長い）、like（ライk、～が好きだ）

●覚えるべき発音の違い

①「v」と「b」

「v」の発音を覚えれば大丈夫です。

video（ヴィディオウ、ビデオ）、violin（ヴァイオリン、バイオリン）、never（ネヴァー、決して～ない）

などで練習してください。

②「l」と「r」の違い

まずは「r」を巻き舌気味に、「ぅ」を前につける感じで発音することで区別するといいでしょう。余裕があれば、「l」も舌を歯の裏につけることを意識してください。

right（ぅライトゥ、右）、rain（ぅレイン、雨）、real（ぅリアル、ほんとうの）

③「a」と「u」や「o」の違い

アクセントのある「a」はアメリカ式で、アとエの中間のように発音するのがおすすめ。その場合、「u」や「o」の方はふつうに「ア」で支障ありません。

cat（キャットゥ、猫）、thank you（セァンキュー、ありがとう）、map（メァップ、地図）

などで練習してください。

いと単語を覚えたり聞き取ったりするときに支障が生じてしまうのです。

もっとも「v」については、カタカナで表記を変えることができるので、学習はしやすいでしょう。しかし、カタカナ表記を変えにくい発音は大変です。


特に意識したいのが、**「l」と「r」の違い**です。

「l」は舌を歯につけるラ行、「r」は巻き舌気味にして舌を歯につけないラ行。自分で発音するときに気をつけるようにしないと、どちらも同じ音に聞こえてしまい、「light」(光)なのか、「right」(右)なのかが区別できなくなります。

すでに**大学入試共通テストでは、配点の50%がリスニングになっている**ので、聞いて区別できるのはとても大切なことです。


もう1つ、**どちらも「ア」と聞こえる「a」**([æ]、アとエの中間のような音)**と、「u」や「o」**([ʌ]、あまり口を開かない「ア」)**も区別しておくと有利**なので、ぜひ早いうちに習得しておくべきでしょう。

そのほかのつづりの違いに影響しないものまで英語っぽい発音を覚える必要はないと思います。

アドバイス

国語の文法についてくわしく解説した参考書としては、**『やさしい中学国語』**（学研プラス）がおすすめです。

わからないことがあるときにこれを参照しながら、四谷大塚の**『四科のまとめ　国語』**などで問題を解いていけば、国語の文法は中学内容まで含めてほぼ網羅できます。

今さら『四科のまとめ』なんてやりたくない、というような場合には、**『小学生のまんが　言葉のきまり辞典』**（学研プラス）で勉強することも可能です。

英語という科目の中で、**小学生のうちに身につけておきたいのは「発音」と「リズム」、そして日本語にはない「後置修飾」**です。

英語準備

小学生のうちに身につける❶発音

最低限押さえておきたいのが、**「日本語表記は同じになることがあるが、つづりが違う」発音**です。

たとえば、日本語では「ビデオ」の「ビ」と「ビルディング」の「ビ」を、同じように「ビ」と表記するのが一般的ですが、英語では「v」（ヴィ）と「b」（ビ）の文字が違います。

こういった文字が違う場合については、はっきり区別しな

❶解答例 ○「わたし」「それ」「どこ」のように、実際の名詞の代わりに使われる名詞。

❷解答例 ○「ドナルド＝トランプ（人名）」「北海道（地名）」「鬼滅の刃《やいば》（作品名）」のように、それ以外に存在しないものを表す名詞。

❸解答例 ○形容詞は名詞を修飾するのに対して、副詞は動詞や形容詞などを修飾する。

❹解答例 ○「納豆を残して先生に怒られる」の「れる」は「〜される」という受け身の意味を表しているのに対して、「納豆を残さず食べられる」の「れる」は「〜できる」という可能の意味を表している。

❺解答例 ○「子どもに勉強をさせる」の「せる」は自分以外の誰かに何かをさせる「使役」の意味を表す助動詞であるのに対して、「親にテストの答案を見せる」の「せる」は自分の動作を表す動詞の一部である。

問題

①「代名詞」とはどういう名詞か、例をあげて説明しなさい。

②「固有名詞」とはどういう名詞か、例をあげて説明しなさい。

③「形容詞」と「副詞」の違いを説明しなさい。

④「納豆を残して先生に怒られる」の「れる」と「納豆を残さず食べられる」の「れる」の違いを説明しなさい。

⑤「子どもに勉強をさせる」の「せる」と「親にテストの答案を見せる」の「せる」の違いを説明しなさい。

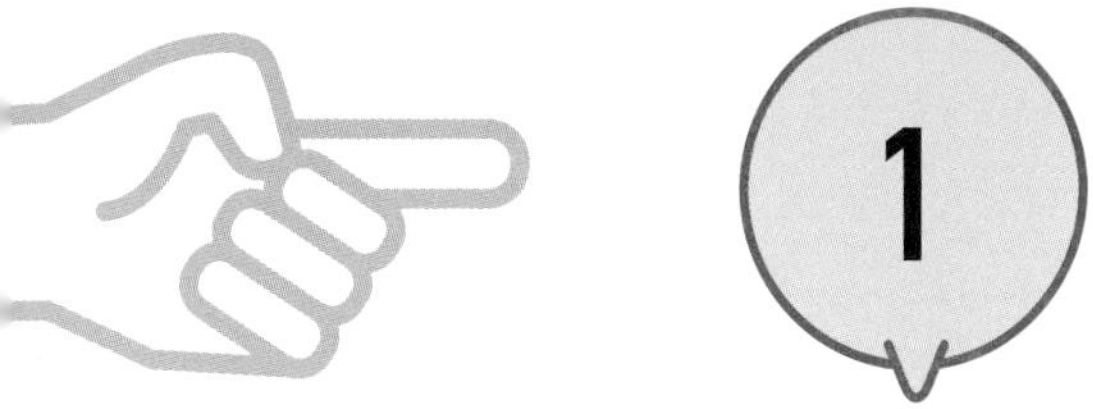

一歩先ゆく「英語の作法」

まず、国語の文法を押さえておく

中学校からの英語では小学校と違って、「文法事項」を多く扱うようになります。「そこで登場する『文法用語』が難しくてよくわからない」というのが、英語嫌いの原因の結構な割合を占めています。

実は、**文法用語のうち特に重要なものは、すでに小学校の国語で扱われています。**中学入試の国語を本格的に勉強した場合は、ほぼ網羅しているはず。

しかし、実際のところ入試も含め、小学校の国語では文法の問題はあまり出題されないため、おろそかになってしまうことが多いのでしょう。

ここでは、英文法の理解に欠かせない、したがって**中学入学までにマスターしておきたい最重要の項目**を扱います。

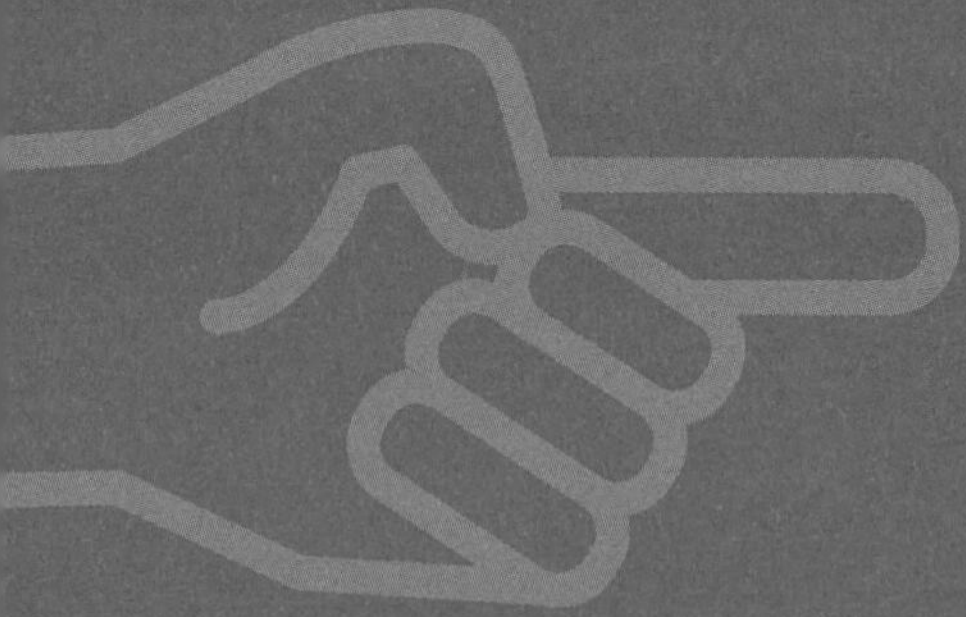

第4章

【中学入学準備編】

中学入学までに
マスターしておきたい作法

「なぜそうなるのか」をきちんと理解することが大切だというのは、算数も数学も同じこと。

方程式（というより文字式ですが）を使うことで説明がしやすくなるのであれば、方程式を習得しておくことのメリットが大きいのではないでしょうか。

なんでも理屈で理解したがる子の場合、方程式を習得する効果が大きくなりそうです。

理系・応用

な場合であれば、ぜひとも方程式を学習すべきだと思います。

地方の入試レベルの算数だと、たいていの文章題は進学塾の小４からせいぜい小５前半で扱う内容。方程式で簡単に解けるため、方程式を学ぶことによる時間的なデメリットはないからです。

そして、**中学入学以降の学習をスムーズに進められるようになるのは、大学受験を考えるうえで大きなメリットになります。**

説明する力を伸ばせるかどうか

大学入試改革を受け、中学入試や高校入試ではすでに「記述力重視」の流れが定着しています。**算数の場合、自分がわかっていることを他人にきちんと説明する力が問われることになる**のです。

算数が苦手な子だけでなく、得意な子でも解き方を説明するような問題では、高い評価を得られないことが珍しくありません。なんとなく理解していて問題を解くことができても、大人が「文字式を使えば簡単に説明できるのに、算数だけで説明するのは難しい」と感じるように、なぜそうなるのかをきちんと説明できないことが多いのです。すると、「前にやったのに解き方を忘れた」ということになりがちで、成績が伸び悩みます。

難関中学を受験するかどうか

方程式を教えるかどうかの判断には、いわゆる御三家など東大や医学部合格ランキングで全国トップ10に入るような上位進学校、あるいは早慶の附属中といった難関中学を受験するかどうかもかかわってくるでしょう。

これらの難関中学を受験するのであれば、方程式を使うことを積極的にはおすすめできなくなってきます。**このレベルの算数は、方程式で解くほうが難しいような難問中心になるからです。**

この点、難関中学志望でも、スピード重視で難問を出題しない受験校に絞るなら、方程式を使うという戦略も有効でしょう。実際、難関の中でもスピード型で知られる女子学院志望者にのみ方程式を教えるという先生もいらっしゃるようです。

また、難関中学受験となると算数に限らず学習すべき事項が非常に多いので、「将来、役に立つから」と方程式を習得するような余裕がなくなりがちだというのも、方程式を勧められない大きな理由となります。

逆に、難関中学を目指すわけではない、たとえば地方の教育大や教育学部の附属中学だけを受験する場合、あるいは中学受験はしないが特殊算のような応用問題も学習したいようは、「方程式を使うと／使わないと思考力が伸びない」という点です。

「方程式否定派」がよく挙げるのは、「方程式を使うと、図や表で考えることなく、いきなり立式しようとする」という点。これは、肯定派がしばしば受験算数を「一問一答的に式を覚えるだけになってしまう」と言うのとよく似ていると思います。

たしかに、問題をろくに読まずいきなり式を書こうとするのでは考える力はつきません。また、進学塾の圧倒的な量の宿題に追われ、理解しないままに式を丸暗記するのでは思考力は伸びません。

しかし、ある程度以上に**算数ができる子は、多くが図を描いて問題文を分析しています**。方程式も同様で、しっかり使いこなせている子は、図や表の中にｘやｙ、そして文字式を書き込むことで式を立てています。

ほんとうに重要なのは、方程式を使うかどうかではなく、「図や表を書いて考える」という基本作法が身についているかどうか。

したがって、方程式を使うほうが図や表を使って考えやすいなら方程式を使うべきだし、そうでなければ使わないほうがよいというのが私の考え方です。

では進学塾の６年生が解くような応用問題には歯が立たなくなってきますので、**難関中学レベルの算数を解けるようにするなら、方程式の習得は遠回りになる可能性が高い**と思います。

このコラムでは、こうした事実を踏まえて方程式を習得すべきかどうかを検討していきます。

実は似通う否定派と肯定派の論拠

方程式を使うかどうかというのは、中学受験に関してよく議論されるところです。算数の指導者には「方程式否定派」が多いのに対し、数学の指導者では圧倒的に肯定派が多いように思います。

私も大学受験を指導する立場からすると、特殊算それぞれの解き方よりは、方程式を習得しておいてほしいと思うことがあります。中学校の方程式の問題を算数だけで解いてしまうため、数学の力が身につかなかったというケースが少なくないからです。

せっかく小学生のうちから長い時間を算数に費やしたのに、大学受験で数学を使えなくなってしまうのは非常にもったいないことだと思います。

もっとも、そのほかの理由については、肯定派も否定派も同じことを言っているように感じることがあります。それ

コラム

算数に方程式を使ってもいい？

方程式の習得は難しくないし、考え方は必須だが難関には通用しない

中学受験を考えているような子にとって、問題が易しい都道府県の公立高校入試程度まででであればですが、多くの場合は方程式を習得するのにかかる労力はたかが知れています。夏休みや春休みにある程度集中して学習できれば十分でしょう。

そして無視できないのが、受験算数には実質、方程式と同じやり方で解く問題が少なくないということ。「まるいち算」や「消去算」と呼ばれる問題がそれです。さらに、特殊算の基本的な問題は一部の例外を除けば方程式で容易に解けます。

これらをひととおり解けるようにするだけであれば、方程式を習得するほうが早いかもしれません。しかし、それだけ

アドバイス

習った範囲でこれらの問題がまったく解けないようなら、勉強のやり方を根本的に見直さないと厳しいと思います。

うまく説明できないけれど解けることは解けているというようであれば、志望校が思考力重視でない場合は、そのままの勉強を続けても入試を突破できる可能性はあります。

ただし、その後の大学受験を考えると、合格後なるべく早い段階で図や表を書いて式を立てるような練習をしておく必要があると思います。

思考力重視の難関校志望なら、ここで示したやり方でなくともかまいませんが、自分なりに説明できるようにしないと厳しいでしょう。

⑩答え ◯ **応用作法：未知の問題では、書き出して実験する**

1×1＝1　2×2＝4　3×3＝9　4×4＝16　5×5＝25

6×6＝36　7×7＝49　8×8＝64　9×9＝81

10×10＝100　11×11＝121　12×12＝144

13×13＝169　14×14＝196

11×11以降の1の位の数は、1×1や2×2などの1の位と同じになるので、ここまでで登場した「1､4､9､6､5､0」が答えになります。

⑩解説 この問題は、1974年に東大で出題された問題の一部を、わかりやすい表現に変えたものです。

理屈で言うと、10や100をかける計算は1の位の数値に影響しないので、1〜10を調べればよいということですが、これは11以降の計算も実際にやってみると気づくでしょう。

どこまでやればいいかはわからないけれど、**まずはとにかく実験して書き出してみるという作法が身についていれば、簡単に解けると思います。**

この差額、180000－150000円＝30000円が、「減った利益」となります。

⑨解説 まずは、「円安、円高」という言葉の意味を理解するというところでひとつ壁があります。

というのも、「1ドル100円」とか「1ドル120円」というのは、円ではなくドルの値段、つまり「ドル安」か「ドル高」かを表す言い方だからです。ニュースで、「1ドル○円の円安ドル高」ではなく、「1ドル○円のドル高円安」と言ってくれればわかりやすいのですけどね。

1本100円のジュースと1本120円のジュースでは、1本120円のジュースのほうが高いというのと同様、1ドル100円と1ドル120円では120円のほうがドル高、つまり円安です。

問題文の「20円円安」というのは、「1ドル120円」になったということです。

1台7000円で売ると、30×7000＝210000円というのは変わりませんので、1ドル100円なら210000－150000＝60000円の利益があったことになりますから、**20円も円安になると利益が半分になってしまった**ということですね。

説明もできるようにしておくべきです。

100の位の数は1、2、3、4の4とおり、

10の位の数は0、1、2、3、4のうち、100の位に使った数を除いた4とおり、

1の位の数は100の位と10の位で使った数を除いた3とおりなので、

$4\times4\times3=48$とおり。

⑨答え　○ 応用作法：円高・円安は、具体例で考える

A　1ドル100円のとき、200ドルのゲーム機が1台売れると、日本円では100×200で20000円。

一方、120円のとき、200ドルのゲーム機が1台売れると、日本円では120×200で24000円です。

$24000-20000=4000$円多くなっている部分が、「1台あたり増えた利益」ということになります。

B　1台50ドルのスマートフォン30台は$50\times30=1500$ドル。これは1ドル100円だと、$1500\times100=150000$円で輸入することになりますが、1ドル120円だと、$1500\times120=180000$円で輸入することになってしまいます。

❽答え ◯ 応用作法：組み合わせの問題では、樹形図を書く

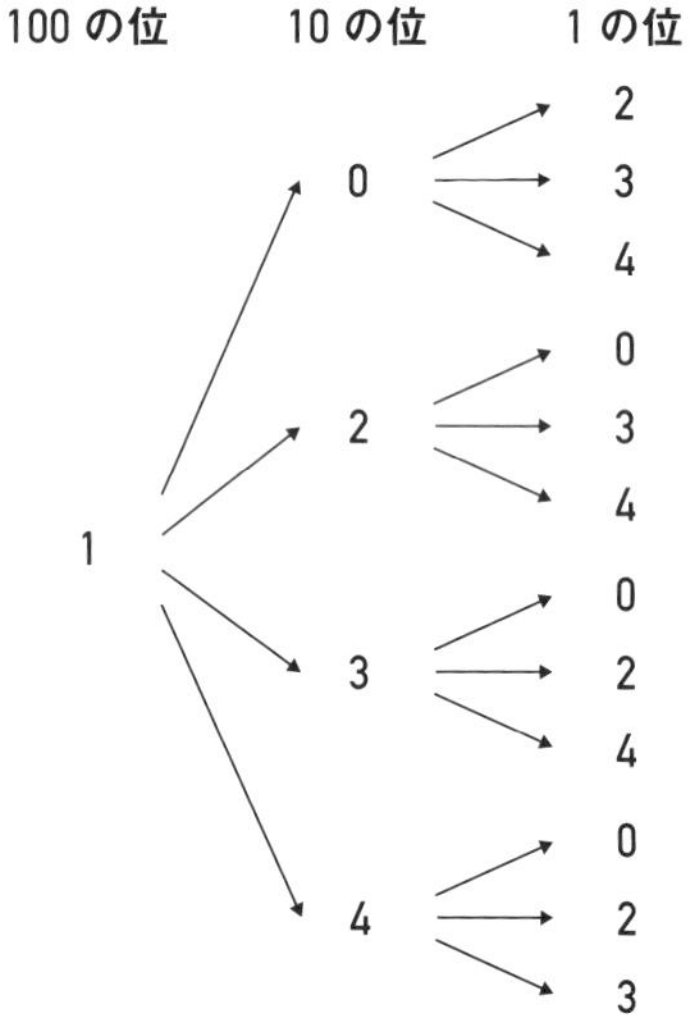

図のように、100の位が1のときは12とおり。100の位が2、3、4のときも同じように12とおりあるので、求める3桁の数は「12×4＝48とおり」あります。

❽解説 100の位に0がくると3ケタの数はできないので、いきなり公式に当てはめようとすると間違えてしまう問題です。少なくとも、**最初のうちは樹形図を書いて問題を分析しましょう。**

最初から式を書きたいなら、以下のような言葉での

❼解説 条件が複雑で、問題文や与えられた図からだけではわかりにくいときは、**表に整理するのが理解するためのコツ**。

あとは、条件が1つだけ異なる皿どうしの結果を比較していけば、答案をつくることができます。

「レタスは涼しい地域での抑制栽培がさかん」「ピーマンは暖かい地域での促成栽培がさかん」という知識から、両者の生育適温が異なることは簡単に推測できると思います。それが発芽にも関係するのかという実験でした。

表で条件をしっかり整理しないと、本来この実験からはわからないことまでわかる、と答えてしまいそうになる問題ですね。

❼答え ◯ 応用作法：実験結果は、◯×表を書く

	A	B	C	D	E	F
水	×	◯	◯	◯	◯	◯
肥料	×	×	◯	×	×	×
日光	◯	◯	◯	◯	◯	×
温度	28℃	28℃	18℃	18℃	8℃	8℃
レタスの結果	×	×	◯	◯	◯	◯
ピーマンの結果	×	◯	◯	◯	×	×

AとBを比べると、ピーマンの発芽には水が必要であることがわかります。

BとDを比べると、レタスは28℃では発芽しなくなることがわかります。

CとDを比べると、ピーマンやレタスの発芽に肥料は関係ないことがわかります。

DとEを比べると、ピーマンは8℃では発芽しなくなることがわかります。

EとFを比べると、レタスの発芽に日光は関係ないことがわかります。

これらの結果から、レタスの発芽には低めの温度が、ピーマンの発芽には高めの温度が必要ということがいえます。

$$7 + 0.07x = 5 + 0.08x$$

$$2 = 0.01x$$

$$200 = x$$

答え　200g

❻解説　食塩、濃度、食塩の量について、**混ぜる前と後それぞれの表を書いてしまえばすっきり説明できます。**

おそらく時間短縮のため、以下のようにてんびん図で直感的に解いている人が多いと思いますが、理屈の部分もきちんと理解していれば、難問になっても応用が利きます。

5%と8%を混ぜて7%にするには、1：2の比で8%を多く混ぜるとよい。

5%を100g入れるなら、8%は100×2＝200gとなる。

で、**平面を取り出してみるという一手間が重要**です。

なお、切断の問題では断面がどうなるかをイメージする段階でつまずくケースもあります。**切断の様子や考える手順を動画で見ることは、よい対策になる**と思います。

さらにわかりやすいのは、実際に切ってみるという作業でしょう。さいの目切りにした大根や豆腐をいろいろな形に切ってみれば、切断後の立体の形まで一目瞭然です（その後、美味しくいただくこともできます）。

食材の切り方など料理の手順は入試問題の素材になりやすいので、意識的に学習に取り入れると有利になるかもしれません。

❻答え ○ 応用作法：濃度の変化は、表を書いて整理する

	食塩水	濃度	食塩
混ぜる前	100g	5%	5g
	xg	8%	0.08xg
混ぜた後	(100＋x)g	7%	(5＋0.08x)g

混ぜた後の食塩水と食塩の重さの関係から、

$$(100 + x) \times 0.07 = 5 + 0.08x$$

すると、それぞれの辺がもとの立方体の辺の中点どうしや、頂点とその中点を結んだものであることと合わせて、辺DEと辺FGがぴったり重なり、1つの大きな三角形になることが見えてきます。

辺CFと辺DA、辺BGと辺EAの長さもそれぞれ等しくなっています。

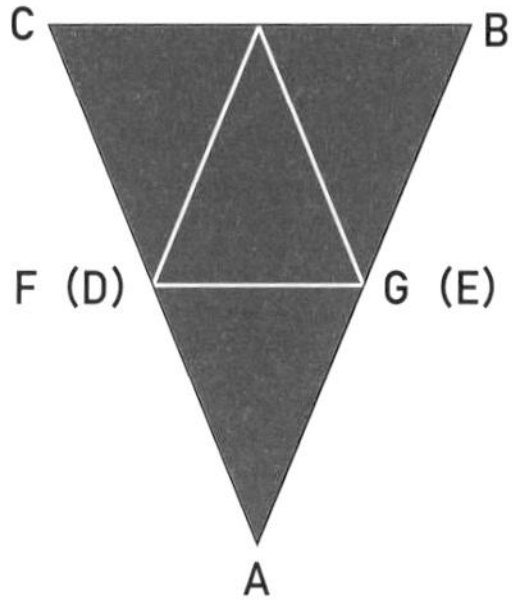

したがって、図のように、大きい方の切断面である台形BCFGは、小さい方の切断面である三角形ADE3個分なので、求める面積比は「1：3」となります。

⑤解説 これは、私立なら典型問題のちょっとした応用レベル、公立中高一貫校でも誘導つきで出題されそうな問題です。

いずれにせよ、見取り図に埋もれたままではごちゃごちゃしすぎで目の錯覚も起きやすく考えにくいの

⑤答え　○ 応用作法：立体は平面を取り出して、別に描いて考える

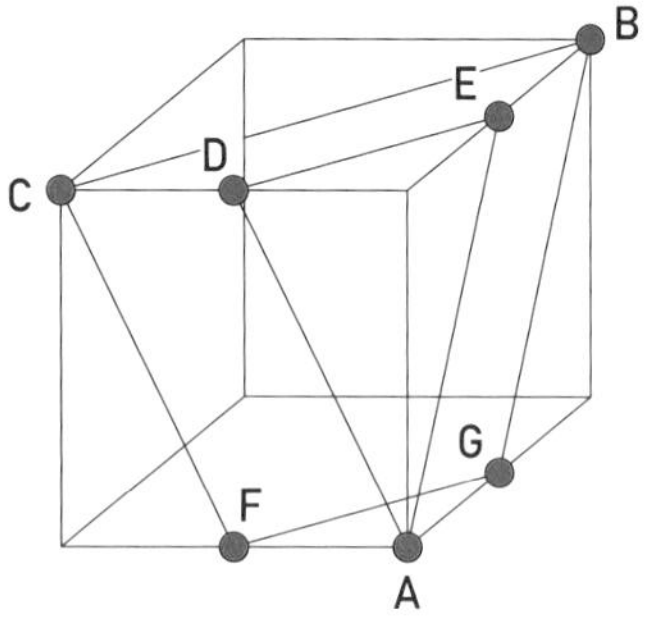

それぞれの点をつなげば切断面の形は見えますが、面積はこのままだと考えようがないので、**それぞれの切断面を別に書き出します**。ここが理解するためのポイントです。

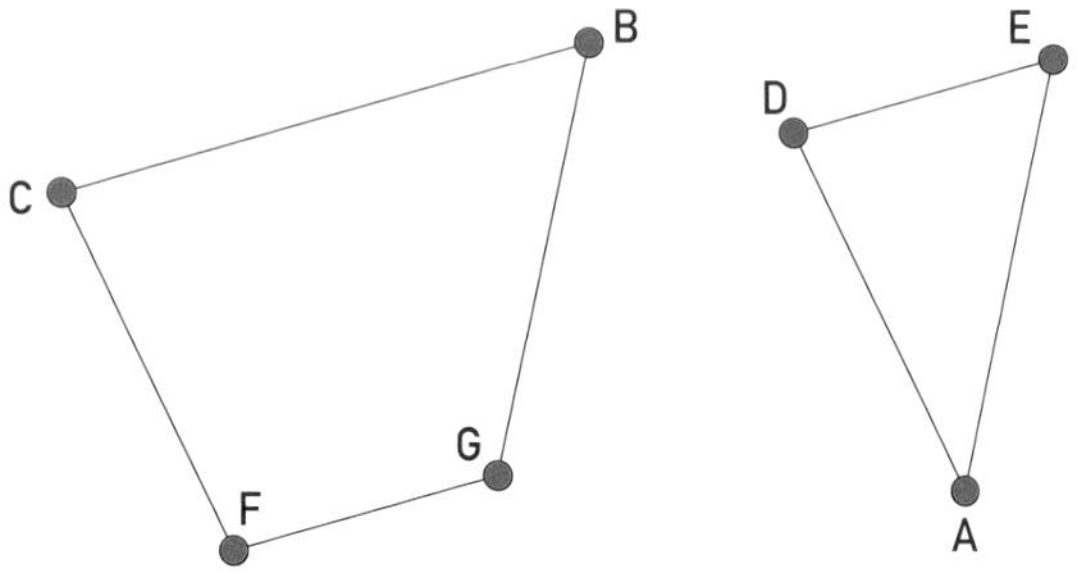

別解 実は、この問題も解くだけなら、角Bと角Cの大きさに、三角形が成立する好きな数字を当てはめてしまえば正解を出すことができます。

たとえば、B＝60°、C＝70°とすると、
○＝60°、●＝55°なので、
角EDF＝180°－60°－55°で65°となります。

どんな問題でも、必ずしもそれだけで答えが出せるわけではありませんが、わからない部分が多いときは、**「状況を把握するために、具体的な数字を当てはめてみる」というのも大切な作法の1つ**です。

三角形BDEの内角の和に注目すると、
角B＋○＋○＝180°……①
三角形CDFの内角の和に注目すると、
角C＋●＋●＝180°……②

また、三角形ABCの内角の和に注目すると、
50°＋角B＋角C＝180°なので角B＋角C＝130°

ここで、①＋②の式をたし合わせると、
角B＋角C＋○＋○＋●＋●＝360°であり、
角B＋角C＝130°なので、
130°＋2×(○＋●)＝360°
2×(○＋●)＝230°
○＋●＝115°
よって、角EDF＝180°－115°＝65°となります。

理系・応用

❹解説 図の中にどの辺とどの辺の長さが等しいなど、具体的な数字以外の情報も書き込んでいかなければならない問題です。

数字以外の情報を書くのに慣れていないと、なかなか手がつけられないかもしれませんが、**数学では当たり前に使う、つまり中学入学以降に直結する重要な方法**です。

相似の扱いに慣れていないうちは、どの辺とどの辺が対応するのかで混乱することがあります。慣れるまでは、この解答のように**図形の向きをそろえて考えるのがおすすめ**です。

❹答え　○ 応用作法：図形には、未知数も含めて書き込んでから解く

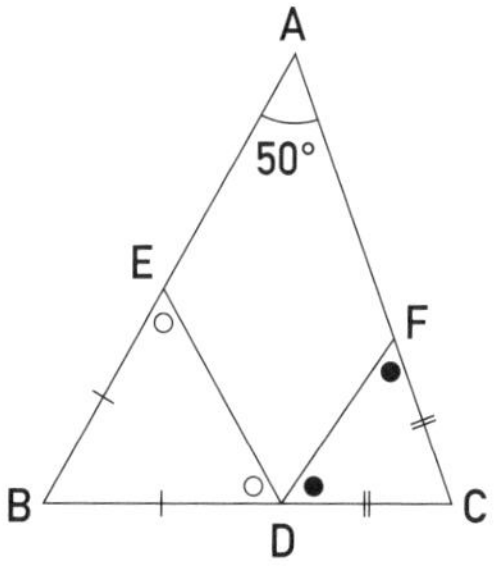

図のように等しい辺の長さを書き込むと、三角形BDEおよび三角形CDFは二等辺三角形であり、角BDE＝角BED、角CDF＝角CFDとなります。

これを○、●で図に書き込みます。

点Dの周りの角度に注目すると、求めたい角EDF＋○＋●＝180°なので、○＋●の大きさがわかればよいことになります。

③答え ○ 応用作法：相似は、向きを合わせた図を描く

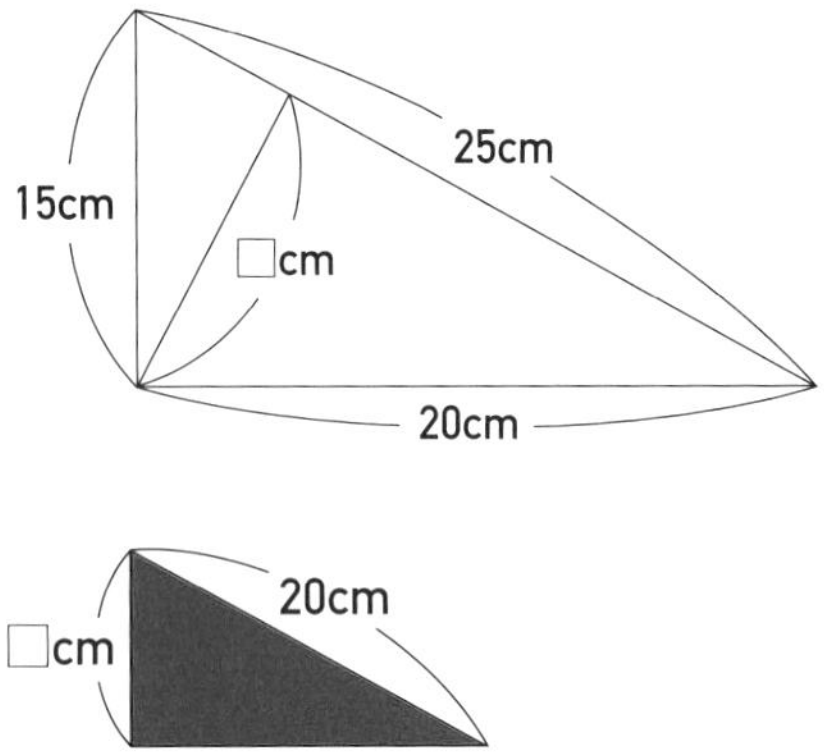

図より 25：15＝20：□

　　　5：3＝20：□

20は5の4倍なので、□は3の4倍の12（cm）となります。

③解説 問題文が数学用語で書かれているため、最初は何を求めればよいのかわかりにくいと感じるかもしれません。後々にはこういった用語にも慣れていく必要がありますが、この問題を解くのに難解な用語を読み解く必要はありません。

　図を見れば明らかだからです。

「読解力重視」の問題の中には、このように一見難しそうだが図まで見れば、あるいは単に最後まで読めば実は簡単、という問題がよくあります。

ので、つるすおもりの重さをxgとすると、x×30＝2100となり、x＝70。

よって、70gのおもりをつるすとよい。

②解説 単純なてんびんしか扱っていないと、暗算で処理しようとするクセがつき、少し複雑な問題になると、どうしていいかわからなくなってしまいがちです。

応用問題に対応できるよう、**基本問題でも長さやそれぞれのモーメントといった必要な数字を書き込むようにしましょう。**

てこのつり合いは苦手になってしまう子も多いようですが、まったくイメージできていないようなら、**洗濯物を干すピンチハンガーを使うのがおすすめ**です。

細かい洗濯物を次々と干していくのは、理科の問題でいえばかなり複雑なつり合いを駆使していることになるので、感覚的に理解できると思います。乾燥機の消費電力はかなり大きいので、節電にもなりますよ。

①解説 **ポイントは、月の位置ごとに方角を矢印で書き込むこと**です。

このとき、北極のある方が北であることから、太陽の方角を考えるようにしましょう。月の方角（南）だけから考えようとすると混乱しやすくなります。

②答え **○ 応用作法：てんびんは、基本問題でもモーメントを図示する**

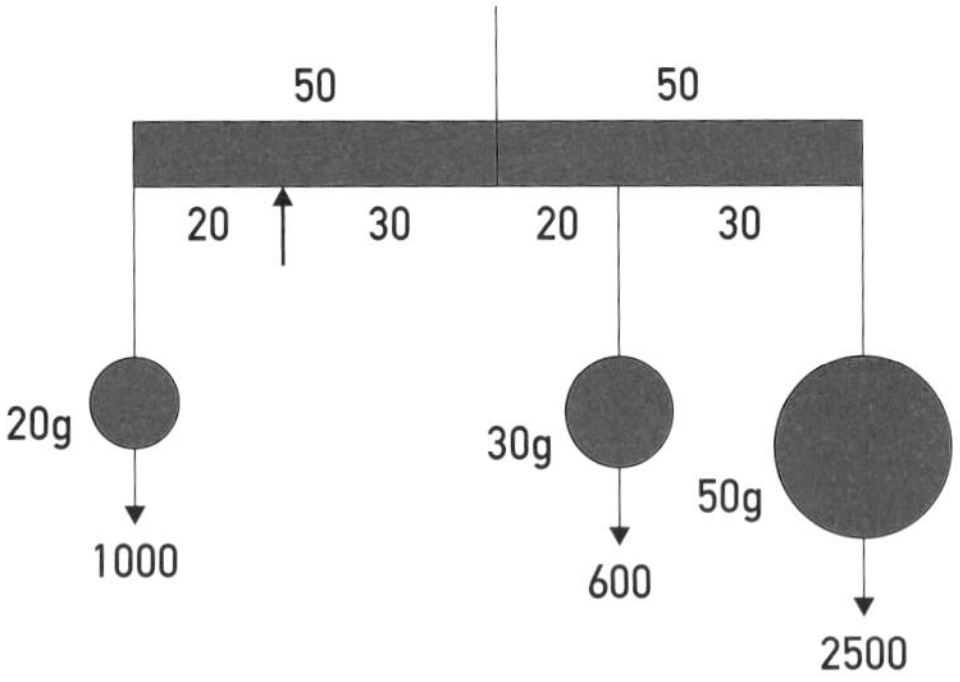

図のように支点からの距離を書き込むと、

右回りのモーメントは20×30＋50×50＝3100、

左回りのモーメントは50×20＝1000なので、

その差は3100－1000＝2100となります。

この差を矢印部分からのモーメントで埋めればいい

答えと解説

❶答え　〇 応用作法：月の満ち欠けや方角は逐一、図を描いて判断する

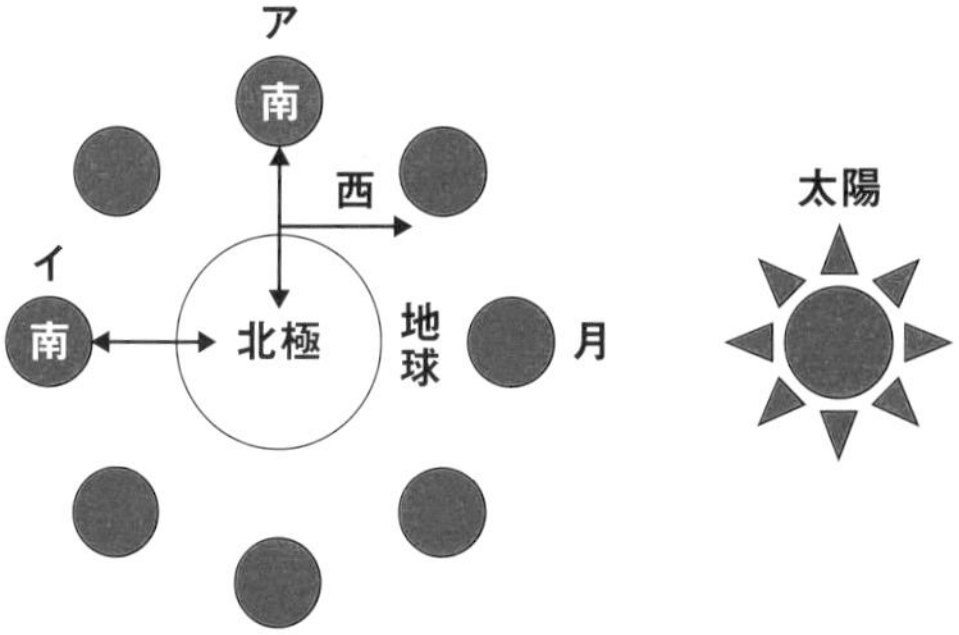

図のように、アの位置の月が南中しているとすると、北極の方向が北なので太陽の方向は西になります。つまり、このとき太陽が西に沈む時間なので、アの位置の月が南中するのは「夕方」だと考えられます。

イの位置の月が南中していると、北極の方向が北、北極と同じ方向に太陽があるので太陽の方向も北になります。つまり、太陽がまったく見えない側にある時間なので、イの位置の月が南中するのは「真夜中」だと考えられます。

くは減ることになるかを説明しなさい。

A　アメリカで、1台200ドルのゲーム機が売れたときの日本企業が得る利益

B　1台50ドルのスマートフォン30台を輸入し、1台7000円で売ったときの利益

⑩ 1×1、10×10のように、同じ整数を2回かけたとき、答えの1の位としてありうる数をすべて求めなさい。

（東大　改題）

理系・応用

芽条件を調べるために実験をしてみることにしました。

まず、A～Fの6つの皿にだっしめんをしいて、それぞれにピーマンとレタスの種を入れました。A～Eの皿は日光にあて、Fの皿は真っ暗なところに置きました。また、A以外の皿のだっしめんはしめらせ、Cの皿には肥料もとかして入れました。
A、Bの皿は28℃、C、Dの皿は18℃、E、Fの皿は8℃に保ったところ、Bの皿ではピーマンが、C、Dの皿ではピーマンとレタスの両方が、E、Fの皿ではレタスが発芽しました。
この実験からわかることを説明しなさい。

⑧ 0、1、2、3、4の5枚のカードから3枚取り出してできる3ケタの整数は何とおりありますか。

⑨ 1ドル100円から20円円安になったとき、次の金額はどれだけ増えることになるか、もし

⑤ 図のような立方体において、点A、点B、点Cはそれぞれ頂点、点D、点E、点F、点Gはそれぞれ辺の中点とします。
点D、点E、点Aを通る平面で切った切断面の面積と、点C、点B、点F、点Gを通る平面で切った切断面の面積の比を求めなさい。

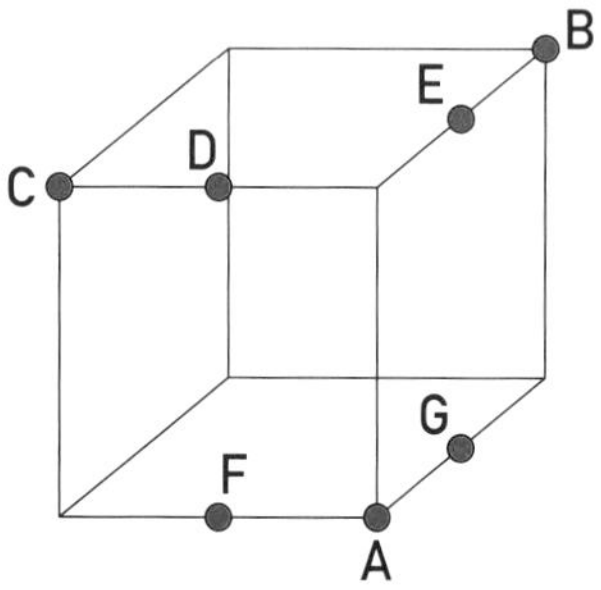

⑥ 濃度5%の食塩水100gと濃度8%の食塩水を何gか混ぜると7%の食塩水になりました。8%の食塩水を何g混ぜたか答えなさい。

⑦ 太郎くんは地域によって栽培がさかんな野菜が違うことに興味をもち、野菜の種の発

③ 図のように、3辺の長さがそれぞれ25cm、20cm、15cmである直角三角形の直角から斜辺に垂線を下ろしました。図の□にあてはまる、この垂線の長さを求めなさい。

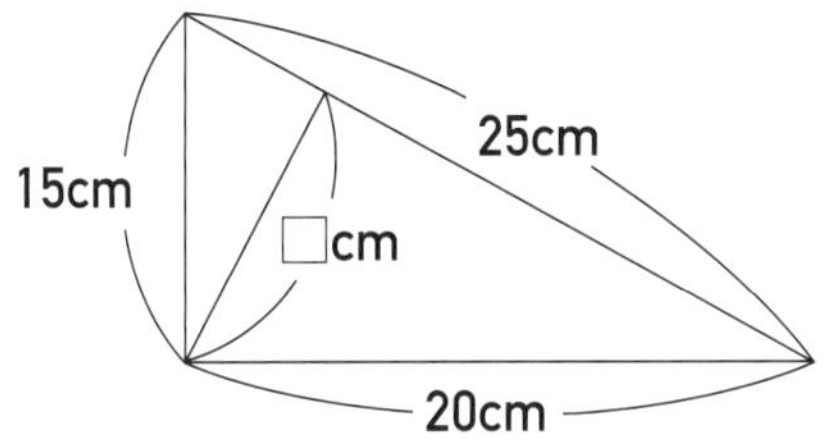

④ 角Aが50度の三角形ABC上において、辺BC上に点D、辺AB上に点E、辺AC上に点Fを、BD＝BE、CD＝CFになるようにとったとき、角EDFの大きさを求めなさい。

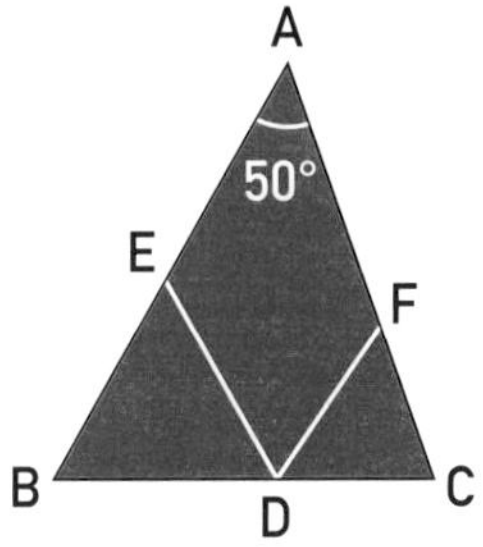

応用問題

① 地球、太陽、月が図のような位置関係にあるとします。アの位置にある月およびイの位置にある月が南中するおよその時間を、それぞれその根拠の説明とともに答えなさい。

（類題：2019年・大分県、長崎県など　改題）

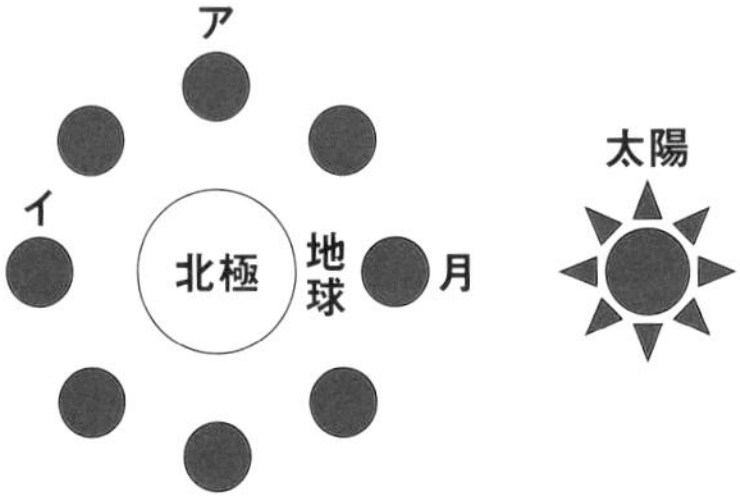

② 図の矢印の位置におもりをつるして、このてんびんをつり合わせるには、何gのおもりを用いればよいですか。糸と棒の重さは考えないものとします。

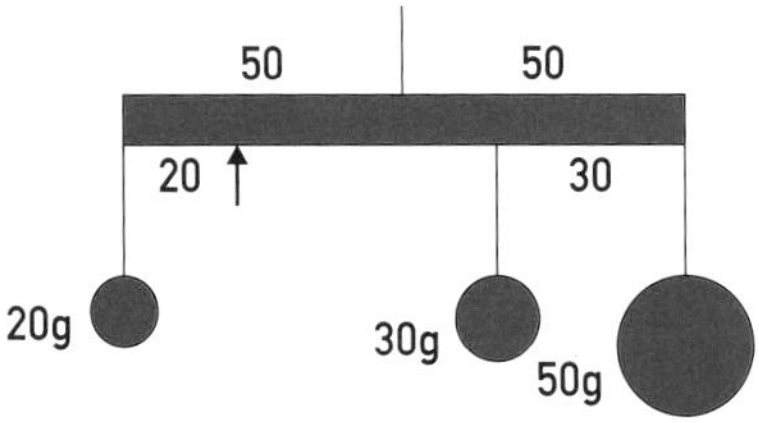

応用作法

書き出して、分析する

理系科目（算数、理科、一部の社会）の応用的な作法は、**「書き出して、分析する」**です。たとえば、次のようなものがあります。

- **月の満ち欠けや方角は逐一、図を描いて判断する**
- **てんびんは、基本問題でもモーメントを図示する**
- **相似は、向きを合わせた図を描く**
- **図形には、未知数も含めて書き込んでから解く**
- **立体は平面を取り出して、別に描いて考える**
- **濃度の変化は、表を書いて整理する**
- **実験結果は、○×表を書く**
- **組み合わせの問題では、樹形図を書く**
- **円高・円安は、具体例で考える**
- **未知の問題では、書き出して実験する**

それでは、次の応用問題をお子さんにさせてみて、すでに身についている作法はどれで、まだ身についていない作法はどれか、ぜひ見てみてください。

リーズ（https://scienceportal.jst.go.jp/feature/b150413/）や**「ザ・メイキング」シリーズ**（https://scienceportal.jst.go.jp/feature/b980601_07/）。適度に入試に出そうなメカニズムの解説がなされており、おもしろさと学習効果の両立ができているからです。

ちなみに、食べ物といえば、北海道限定の「やきそば弁当」は一度お子さんと一緒に食べてみるといいですよ。焼きそばを作ったときのお湯をそのままスープに使うので、熱を再利用することのイメージが一発で身につきますから。

が、夏のヒートアイランド現象について理解してもらうのには結構な苦労がありました。

そこで役に立ったのが、**東京オリンピックの猛暑対策に関するニュースの動画**です。冗談のような「対策」も次々と提案される様子が、北国の子どもが猛暑のイメージを持つための格好の教材になってくれたのです。

ネットで見られるおすすめの動画

今では、ネットでさまざまな楽しい実験やご当地ニュースの動画が出回っています。塾などが公開している、教科書に出てくるような実験室的な実験ももちろん役に立つでしょう。

加えて、私がおすすめするのは、**日常生活と理科の知識のつながりを実感できるような動画**です。

たとえば、「水酸化ナトリウムを含むパイプユニッシュで髪の毛を溶かす」とか、「虫眼鏡で肉を焼いてみる」といった、身近なものをそのまま使った実験の様子を見ることが可能になっているのです（もちろん、ズッキーニを受粉させるやり方も簡単に調べることができます）。

入試にもよく出るもっとも身近なものといえば、やはり**食べ物**でしょう。

おすすめの動画は科学技術振興機構の**「おいしさの扉」シ**

もう少し工夫すれば、「凍らせても大丈夫なペットボトル飲料を冷凍庫で凍らせて、体積の増加を見えるようにする」とか、「お風呂のふたを使って放射冷却現象を説明する」といったこともできるでしょう。

本物の現象に触れさせるのが有効

ただ、理系を重視する公立中高一貫校や私立の難関校では、そこからさらに進んで、**初見の題材について、理科の知識を使った見方ができるかを試すような問題**を出してきます。

ちまたの実験教室に通う、自然災害などのニュースに触れるときにメカニズムに触れて話す、なども聞いたことがある対策方法かと思いますが、なんといっても**有効だといわれているのは、本物の現象に触れる体験**です。

しかし、これには住んでいる環境によって、やりやすいこととそうでないことがあります。たとえば都会だと、実験教室には通いやすい反面、日常的に自然に触れるというのは難しいのではないでしょうか。

私の住んでいるところは札幌市内とはいえ、街からいくぶん離れた地域なので、「ズッキーニ受粉させてこなくていいの？」「今日はかわいいハチさんが来てるから大丈夫」「かわいくない、怖い！」なんて会話が日常的にあったりします

コラム

身の回りの出来事を、理科の視点で見る

理科のトレンドとして、**身近な出来事のメカニズムを説明させるような問題**があります（101ページ参照）。

「『夕焼けは晴れ』といわれるのはなぜか」「通常のペットボトル飲料を凍らせてはいけないのはなぜか」など、教科書に載っているようなものから、「コーヒーのおいしい淹《い》れ方」や「トースターの仕組み」といった最難関レベルの入試問題まで、**ふだんから身の回りの出来事を理科の視点でとらえられる子が有利**な傾向だといえます。

この手の問題は、どこに住んでいても簡単に実験・検証できて、ごく身近な例だけでもそれなりにカバーすることができます。

たとえば、「熱いラーメンでメガネをくもらせる」「風を当てて洗濯物を早く乾かす」「角砂糖と粉砂糖の溶け方の違いを見せる」といったことだけでも、易しい入試問題への準備としては十分でしょう。

⑩解説 **2003年の東大入試（理系）では、「円周率が3.05より大きいことを証明せよ」という問題が出題されて話題になりました。**

こちらは、円の内側に正八角形や正十二角形をつくって計算すれば解けます。

アドバイス

以前なら算数の記述・説明問題といえば、御三家などの難関校で出題されるものでした。

しかし、この手の問題は今や多くの公立中高一貫校で出題されており、私立の中堅校にも広がりつつあります。さらに、たいていの地域では**高校入試の数学に記述・説明問題が含まれていて、中学校の定期テストでも出されやすくなっている**のです。

難関校や公立中高一貫校は受験しないから、中学受験自体しないからといって、人ごとだと思ってはいけません。ここまでの問題は、必ず解けるようにしておきましょう。**言葉だけで説明するのは難しくとも、図や表を用いれば十分可能**だと思います。

理系・基本

この2つの三角形の面積をたすと台形の面積、(上底＋下底)×高さ÷2となります。

⑩答え　〇 基本作法：用語の定義を説明できるようにする

円周率とは、円周が直径の何倍かを表す数字なので、周りの長さが直径の4倍の図形より円周が短いことを説明できればよい。

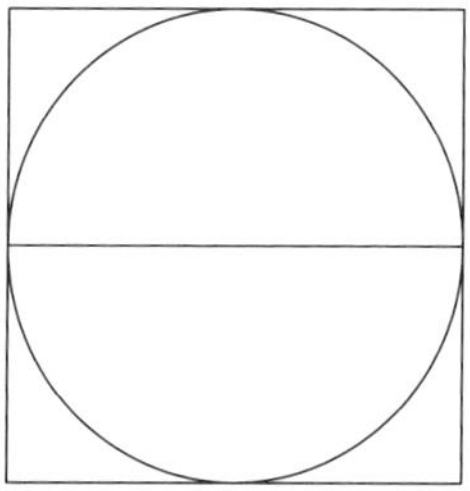

図のように、円の外側に正方形をつくると、その周りの長さは直径の4倍になっています。したがって、その内側にすっぽりはまっている円の円周は直径の4倍より短いので、円周率は4より小さくなります。

同様に、円の内側に正六角形をつくれば、円周率が3より大きいことが説明できます。

ちなみに、時速5kmというのは歩く速度としてはやや速いのですが、不動産広告などで使われる「駅から徒歩○分」という表記は、これに近い速度（分速80m＝時速4.8km）が基準になっています。

広告表記の徒歩時間と実際に歩いた時間の差から、その人の歩く速度や実際の距離を求めさせるような応用問題ができそうですね。

⑨答え ○ 基本作法：公式がなぜ成り立つのかを説明できるようにする

台形を図のように2つの三角形に分けると、それぞれの三角形の高さは台形の高さに等しい。

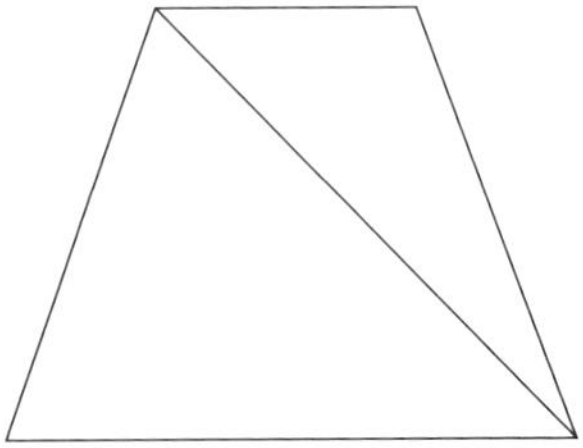

台形の上底を底辺とする三角形の面積は上底×高さ÷2

台形の下底を底辺とする三角形の面積は下底×高さ÷2

❼解説 4：3に分けるということは、7等分したうちの4つと3つに分けるということです。分数の計算をせずとも、7等分したうちの1つがいくらにあたるのかを考えさえすれば、簡単に答えを出せるでしょう。

❽答え **○ 基本作法：速さは、まず言葉の意味から考える**

時速5kmというのは、1時間で5km進む、すなわち5km進むのに60分かかる速さです。この速さで1km進むには12分かかるので、2km先の駅にはその倍の24分で着くことになります。

❽解説 時速の意味を答えたうえで、時間を分に変換しなければならないので、意味を考えずに公式だけで解こうとして混乱する生徒が多いパターン。

ですが、この説明のように**「1km進むのに何分かかるのか」**を考えれば、簡単に暗算で答えを出すことができます。

❻答え　○ 基本作法：約数は、表をつくって書き出す

1	2	3	4	5×	6	7×	8	9×	10×
96	48	32	24	×	16	×	12	×	×

表より、答えは1、2、3、4、6、8、12、16、24、32、48、96。

❻解説 やみくもに当てはめていてはなかなか解けませんが、表をつくって1から10まで順に検討していけば確実に正解できます。**この問題の解き方で、「順番に数える」という算数のもっとも基本的な作法が身についているかどうかを判断できます。**

❼答え　○ 基本作法：比や割合は、最小単位を基準に考える

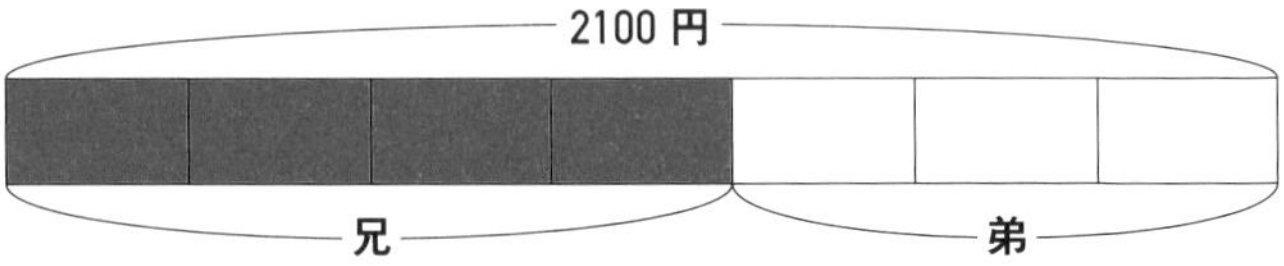

この図の1マス分が2100円÷7＝300円となるので、兄は300円×4＝1200円、弟は300円×3＝900円とわかります。

❺答え ○ 基本作法：アール、ヘクタール、リットルは、図を描いて覚える

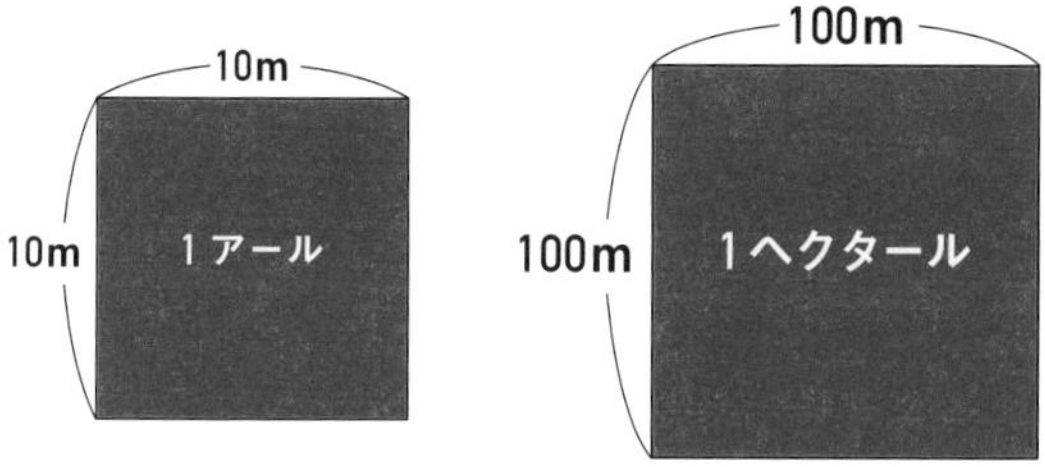

図より、1アールは10×10＝100㎡、1ヘクタールは100×100＝10000㎡。

❺解説 面積や容積の単位を丸暗記しようとすると混乱しやすいので、**図で計算できるようにしておくのがおすすめ**です。

「1アールはドッジボールの内野ぐらい」「1ヘクタールは野球場や学校のグラウンドくらい」というイメージと合わせれば、まず間違えなくなるでしょう。ほかの例だと、テニス・バレーボールコートの半面や柔道・剣道の試合場も1アール程度、コストコや大型MEGAドンキの売り場面積が1ヘクタール程度です。

これらの図と同様に、10cm×10cm×10cmの立方体の見取り図をつくるようにすれば、1Lが何㎤か忘れて困ることもなくなるはずです。

④答え　○ 基本作法：概数《がいすう》は、数直線上で理解する

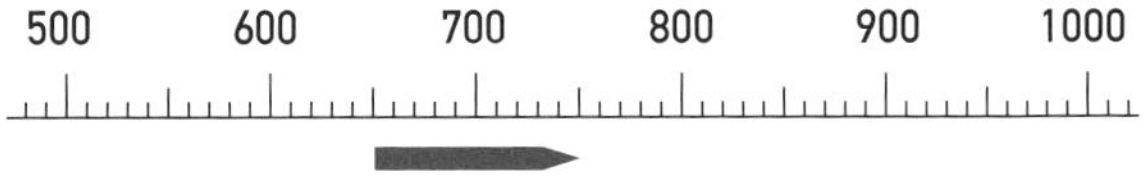

④解説　四捨五入して700になる数を□として式で表すと、「650≦□＜750」となります。

これを言葉で表すと「650以上750未満」なのですが、初めて概数を扱う段階ではこの式や言葉自体が理解しにくいことが多いようです。

「650を含むが750は含まない」ということを視覚的にイメージできれば、概数と概数を足したときの実際の範囲などを求める応用問題もすんなり理解できます。

むろん、読んでおわかりのとおり、言葉の説明ではとてもわかりにくいので、**実際に手を動かして式を書いていくことが必須**です。

③答え

○ 基本作法：慣れていない計算、複雑な計算は、途中式をタテに書く

$$(3+\square)\times(14\div2)+8=57$$

$$(3+\square)\times7+8=57$$

$$(3+\square)\times7=57-8=49$$

$$(3+\square)\qquad=49\div7=7$$

$$\square=7-3=4$$

③解説

□を求める計算（方程式）に限らず、**長くて複雑な計算はきれいにタテに揃えて書くのがミスを防ぐためのコツ**です。

まずは、1つの計算に1行ずつ使って、経過をわかりやすく書く練習をするとよいでしょう。

❷答え

○ 基本作法：分数の割り算は、計算方法を途中式で書く

たとえば、このように式を立てて考えます。

$$\frac{1}{2}\div\frac{2}{3}=\left(\frac{1}{2}\times\frac{3}{2}\right)\div\left(\frac{2}{3}\times\frac{3}{2}\right)=\left(\frac{1}{2}\times\frac{3}{2}\right)\div 1=\frac{1}{2}\times\frac{3}{2}$$

❷解説

分数では、割り算がなぜ逆数をかけると計算できるのかの理解が現行課程の象徴ともいえる大事な要素です。方程式を使うと説明しやすくなりますが、方程式を使わない場合でも説明できなければなりません。

計算練習しかしてこなかったようなら、まずは好きな分数を設定するというところからハードルがあると思います。

あとは言葉で説明すれば、小数どうしの割り算を10倍してから計算するのと同様、「割られる数」と「割る数」の両方に同じ数である「割る数」の逆数をかけても答えは変わらず、「割る数」側が1になるので、このときの「割られる数」部分、すなわち「割られる数」に割る数の逆数をかけたものが割り算の答えと等しくなるということです。

答えと解説

①答え　○ 基本作法：分数は、まず図でイメージする

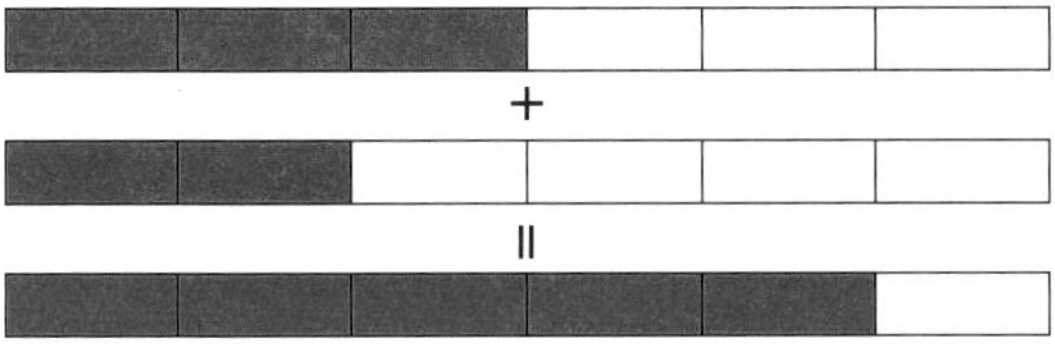

図のように考えると、$\frac{1}{2}+\frac{1}{3}=\frac{5}{6}$になります。

①解説　分数は棒や円を何等分かにしたものをイメージして理解します。最初のうちは、そのイメージ図を描きながら、たし算や引き算の計算をすると簡単に理解できます。

それがまったくできないようでは、計算の答えが合っていたとしても、当てずっぽうで分母どうしをたし合わせてしまうような子とたいして変わらない理解しかできていないということになるでしょう。

⑦ 2100円を兄と弟で4：3に分けるとそれぞれいくらずつになるか、図を用いて説明しなさい。

⑧ 時速5kmの速さで歩くと、2km先の駅には何分で着くか、時速の意味をふまえて説明しなさい。

⑨ 台形の面積が「（上底＋下底）×高さ÷2」であることを、次の図を用いて説明しなさい。

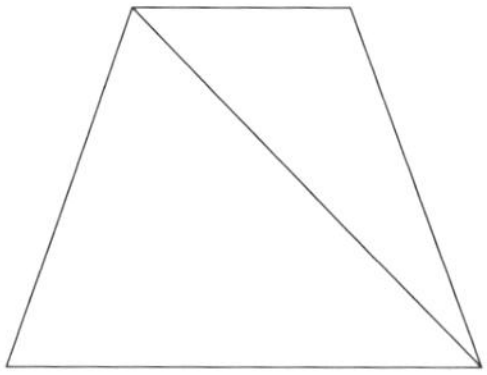

⑩ 円周率が4より小さいことを、次の図を用いて説明しなさい。（東大入試問題、改題）

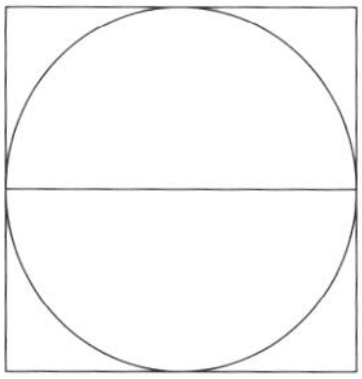

基本問題

① $\frac{1}{2}+\frac{1}{3}$が$\frac{5}{6}$になることを、図を用いて説明しなさい。

② 分数で割るとき、その分数の逆数をかけると答えが求められる理由を説明しなさい。

③ 次の計算の□を求めなさい。途中経過もすべて書くこと。

(3＋□)×(14÷2)＋8＝57

④ 10の位で四捨五入して700になる範囲の数を数直線上に図示しなさい。

⑤ アール、ヘクタールがそれぞれ何平方メートルになるのか、図を用いて説明しなさい。

⑥ 96の約数をすべて書き出しなさい。

応用問題や中学以降の数学を勉強するときの理解力も十分ついているはずです。

これらの基本作法がどれだけ身についているか、次のページからの問題をお子さんに解かせてみることで測ることができます。

基本作法

図や表を書いて考える

算数の基本作法は、**「図や表を書いて考える」**です。具体的には、次のようなものがあります。

- **分数は、まず図でイメージする**
- **分数の割り算は、計算方法を途中式で書く**
- **慣れていない計算、複雑な計算は、途中式をタテに書く**
- **概数《がいすう》は、数直線上で理解する**
- **アール、ヘクタール、リットルは、図を描いて覚える**
- **約数は、表をつくって書き出す**
- **比や割合は、最小単位を基準に考える**
- **速さは、まず言葉の意味から考える**
- **公式がなぜ成り立つのかを説明できるようにする**
- **用語の定義を説明できるようにする**

算数は、教科書レベルの基本を学習する段階で**「図や表を書く」**などの作法を意識できていれば、解き方を説明する問題をほかの問題と同じように解くことができます。

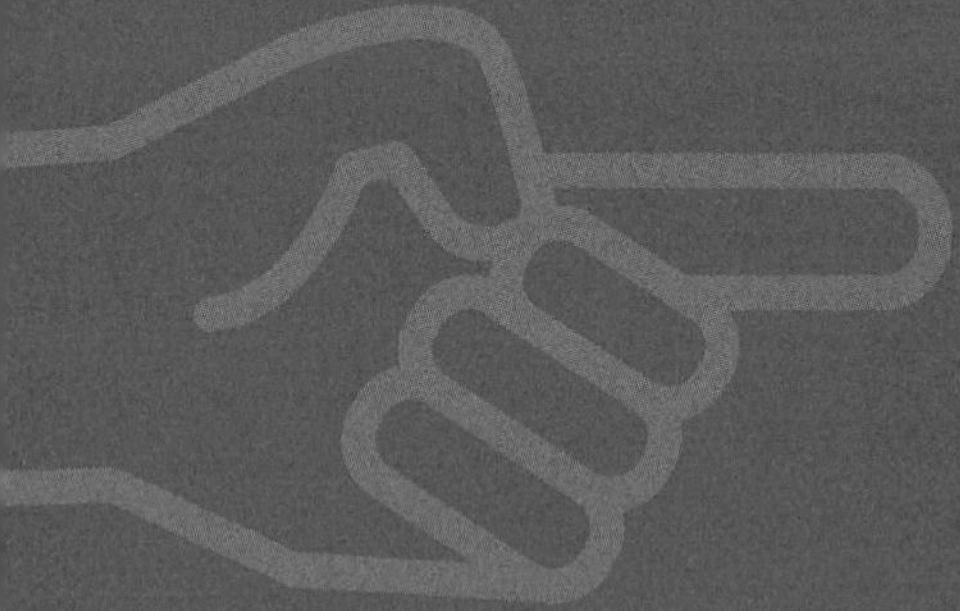

第3章

「理系科目」の作法

（算数、理科、一部の社会）

学習の作法 中学受験・中学入学準備編

発行日　2021年5月30日　第1刷

Author　天流仁志
Illustrator　いつか
Book Designer　山之口正和＋沢田幸平（OKIKATA）

Publication　株式会社ディスカヴァー・トゥエンティワン
〒102-0093　東京都千代田区平河町2-16-1 平河町森タワー11F
TEL　03-3237-8321（代表）　FAX　03-3237-8323
http://www.d21.co.jp

Publisher　谷口奈緒美
Editor　三谷祐一

Store Sales Company
梅本翔太　飯田智樹　古矢薫　佐藤昌幸　青木翔平　青木涼馬　小木曽礼丈
越智佳南子　小山怜那　川本寛子　佐竹祐哉　佐藤淳基　副島杏南
竹内大貴　津野主揮　直林実咲　中西花　野村美空　廣内悠理　高原未来子
井澤徳子　藤井かおり　藤井多穂子　町田加奈子
Online Sales Company
三輪真也　榊原僚　磯部隆　伊東佑真　大崎双葉　川島理　高橋雛乃
滝口景太郎　宮田有利子　八木眸　石橋佐知子
Product Company
大山聡子　大竹朝子　岡本典子　小関勝則　千葉正幸　原典宏　藤田浩芳
王廳　小田木もも　倉田華　佐々木玲奈　佐藤サラ圭　志摩麻衣　杉田彰子
辰巳佳衣　谷中卓　橋本莉奈　牧野類　元木優子　安永姫菜　山中麻吏
渡辺基志　安達正　小石亜季　伊藤香　葛目美枝子　鈴木洋子　畑野衣見
Business Solution Company
蛯原昇　安永智洋　志摩晃司　早水真吾　野﨑竜海　野中保奈美　野村美紀
羽地夕夏　林秀樹　三角真穂　南健一　松ノ下直輝　村尾純司
Ebook Company
松原史与志　中島俊平　越野志絵良　斎藤悠人　庄司知世　西川なつか
小田孝文　中澤泰宏　俵敬子
Corporate Design Group
大星多聞　堀部直人　村松伸哉　岡村浩明　井筒浩　井上竜之介　奥田千晶
田中亜紀　福永友紀　山田諭志　池田望　石光まゆ子　齋藤朋子　福田章平
丸山香織　宮崎陽子　岩城萌花　内堀瑞穂　大竹美和　巽菜香　田中真悠
田山礼真　常角洋　永尾祐人　平池輝　星明里　松川実夏　森脇隆登

Proofreader　文字工房燦光
DTP　株式会社RUHIA
Printing　大日本印刷株式会社

ISBN978-4-7993-2735-7